Spiritual Culture
青心文化

在阅读中疗愈·在疗愈中成长

READING&HEALING&GROWING

爱是生命中最核心的能力

扫码关注，回复书名，聆听专业
音频讲解，学习如何与内在源头
无限的爱与支持保持连接

爱的能力

The Choice for Love

〔美〕芭芭拉·安吉丽思—著

邓育渠—译

中国青年出版社

芭芭拉·安吉丽思博士的其他著作：

1. Soul Shifts: Transformative Wisdom for Creating a Life of Authentic Awakening, Emotional Freedom, and Practical Spirituality

《心灵觉醒：活出生命质感的高振动讯息》（中译：郑百雅，三采出版社）

2. How Did I Get Here?: Finding Your Way to Renewed Hope and Happiness When Life and Love Take Unexpected Turns

《内在革命》（中译：龙彦，北京日报出版社）

3. Secrets About Life Every Woman Should Know: Ten Principles for Total Emotional and Spiritual Fulfillment

《爱是一切的答案》（中译：汪芸，华文出版社）

4. What Women Want Men to Know

《男人都该知道女人的秘密》（中译：潘蔚华，北方文艺出版社）

5. Real Moments: Discover the Secret for True Happiness

《活在当下》(中译：黎雅丽，华文出版社)

6. Real Moments for Lovers: The Enlightened Guide for Discovering Total Passion and True Intimacy

《如何提升爱的能力》(中译：一言，北京日报出版社)

7. Passion

《激情》

8. Ask Barbara: The 100 Most-Asked Questions about Love, Sex, and Relationships

《芭芭拉对 100 个常见亲密关系问题的回答》

9. Confidence: Finding it and Living It*

《自信：无畏的生活》*

10. The Real Rules: How to Find the Right Man for the Real You

《你该知道的真爱秘密》(中译：钱基莲，华文出版社)

11. Are You the One for Me?: Knowing Who's Right and Avoiding Who's Wrong

《你是我的真爱？》

12. Secrets about Men Every Woman Should Know

《女人都该知道男人的秘密》(中译：潘蔚华，北方文艺出版社)

13. How to Make Love All the Time

《如何在爱中修行》(中译：任永欣，北京日报出版社)

与人合著：

14.Chicken Soup for the Couple's Soul: Inspirational Stories about Love and Relationships

《夫妻的心灵鸡汤》

15. Chicken Soup for the Romantic Soul: Inspirational Stories about Love and Romance

《浪漫爱情的心灵鸡汤：有关亲密关系的励志故事》

献给我在此世、他世所爱的人。

献给爱我的所有人。

献给在这个世界和在心灵之爱的无形世界弘扬爱的老师们。

献给您——选择在心灵的康庄大道旅行的人。

目
录

序

只有一条通向天堂的道路。在地球上，我们称之为爱。

——亨利·大卫·梭罗

从我至高的心灵直抵你至高的心灵，欢迎你踏上这次爱和觉醒的奇迹之旅。

从我至高的心灵直抵你至高的心灵，令我倍感欣喜的是你发现了这本书，发现了我，发现了自己与爱欣然重逢，你其实一直与爱相伴，你将永远与爱相伴。

从我至高的心灵直抵你至高的心灵，我知道你是一个伟大的探索者。我向你致敬，你是一个勇敢的探索者。虽然我不知道你的名字，但是我知道，只要你选择阅读这些文字，实际上，你就是"大道"上的真诚行者。

你在内心跨越遥远的行程抵达此地，我向你表示深深的敬意。所有的探索者都需要穿越这不可见的内心距离，这段距离虽然不可以用尺寸来衡量，但它是人类探险过程中最艰辛、最富有挑战的环节——这条道路就是从习惯逃离转变成逆流而上；这条道路就是从你内心感到恐惧的一面："我不想直面自己，我不想面对各种事情，我不想感受各种事物"，转变成勇敢的一面："我将竭尽所能去获得自由。"

你曾经许下诺言：当觉醒在这个星球露出曙光，你承诺亲临在此。你承诺在此生谨记你内在的真实面目。你承诺率先觉醒，并成为照亮别人的灯塔，全心全意提醒他们回家的路。你曾许下诺言，作出爱的选择。

请你感受降临到心中的真理，向它敞开自己。让真理充盈你的内心，满心欢喜地感受它。

当下，就在此刻，如果你正在阅读或者聆听这些文字，你就正在兑现自己的承诺。我承诺在去世之前回想起自己的真面目；我承诺不要长期受到负面信息或者错误信念的诱惑；我承诺谨记我就是光，无论有多少种声音企图让我相信我是别的东西；我承诺践行爱的道路。

这就是我给你们的第一份赠礼。不管你曾经认为自己多么不完美，不管你曾经迷失过多少次，不管你经历过或正在经历多少艰辛，不管你将要面临或正在面临怎样的挣扎，不管你被多少人所辜负，不管你多么担心自己虚掷年华，你一直在坚守自己的承诺。

当你跌倒之时，你已经站立起来了。

当你沮丧之时，你已经获得希望。

当你忘却之时，你已经在回想。

你并没有抛弃你至高的誓言——承诺让自己的内在觉醒，在此生不要退转、沉眠。

所以，占用你片刻的时间，我邀请你稍作停留，你已经跋涉至此，请你为此而爱自己……

曾经，我也许下诺言。我曾许诺用我的生命为爱服务，臣服于爱，教导爱，活出爱。四十多年来，我一直致力于信守我的这份约定，并且帮助别人信守他们的诺言——觉醒，谨记并且找到回归爱的道路。在这段时间里，本书一直在酝酿之中，等待一个合适的时机问世。现在，我能够更充分地实现我的诺言，因为我将《爱的能力》赠予你们。

更努力地回归爱的家园

我们都是为爱而生，这是存在的法则，也是存在的唯一目的。

——本杰明·迪斯雷利

你的心里有一股力量，它的强大超乎你的想象。这个力量就是你的爱。它是无限、壮美的宇宙生命力，在你体内波动，凡它所触及之处，都充满意义。

当这样的爱流淌到你的人际关系中，就会带来真正的亲密和不可毁坏的连接。

当这样的爱流淌到你的工作中，就会带来无限的创造力和愿景。

当这样的爱流淌到你的心灵之旅，就会将你全方位带至觉醒。

当你在人生颠簸的旅途中行进，碰到许多不期而至的挑战，这样的爱就成为拯救你的恩典。此刻，爱向你发出邀请，让你重新全面地发掘它，让你以未曾料想的方式对爱敞开心扉，学习如何活在爱中，并成为爱。

你并不是要在亲密关系中才能去爱；你并不是要战胜了你的恐惧才能去爱；你并不是要从过去的经历中彻底疗愈才能去爱。要想去爱，所需要去做的就是觉知你内心燃烧的爱。不管遇到多么大的暴风雨，燃烧的爱之火光永不熄灭。

> 爱是万事万物的解毒剂。
> 当你触及心灵的核心，
> 即使只有片刻的时间，
> 你也回到了家园。

当人们处在充满残酷、嗔恚和痛苦的境遇中，人很容易陷入绝望、退缩，也可能消极无为、逃避。许多人也经历了难以预料的个人变故、挑战或内外的压力，这带来许多问题，让我们难以找到答案。

在这样的情况下，信守自己的承诺非常重要。

现在，这个世界更需要你活出至高的意识。

我们比以往受到更多的召唤，这要求我们加快转变、疗愈和觉醒的过程。

我们比以往更需要觉醒，并保持觉醒的状态。

我们比以往更需要知道爱的选择意味着什么。

不管我们认为自己成长和转换的速度有多快，我们还可以更快。

不管我们认为自己能够获得多么深刻的疗愈，我们还可以获得更深刻的疗愈，并且放下更多。

不管我们认为我们对自己和他人的爱有多深沉，我们还可以爱得更多。

如今，爱的选择是史无前例的心灵修炼，是我们对这个星球和人类最高的服务。

我们并不是被动地接受智慧；我们不能依靠他人，必须自己亲自通过跋涉去发现智慧。

——马塞尔·布鲁斯特

对我而言，写作是爱的虔诚实践。当某种深刻、神秘和神圣过程抵达最后阶段时，我就会进行写作，创造出转化能量的流动旋涡，这被我称为"书"。

　　这本书所使用的文字超越了文字之相——这些文字建筑出一座波动之桥，让你通过；也建造了一扇波动之门，让你穿越。

　　这本书生动活泼的内容将会激发你意识里最深的觉醒，让你体验到自身的启示，并找到出口。因此，我邀请你抽空多读读它，给自己机会，去实践这一切，仅仅阅读一遍是无法吸收所有信息的。

　　如同其他礼物一样，《爱的能力》不只是让你浏览、欣赏的，它还要求你打开它、应用它，并且贯彻到生活中去。通过此书，我向你提供了许多实践和练习的方法。你如果着手使用我提供的这些技巧，你就会由里而外明白你阅读到的内容，而不是单纯从理智上进行了解。**如果你获得了认知和觉醒，并不是因为我的言语，而是因为你自己将概念整合到行动中去，在这整合之中迸发出了智慧。**

你的朝圣之旅

　　心灵旅途之中唯一高贵的路就是——爱。

　　　　　　　　　　　　　　　　——沙迪亚·赛·巴巴

　　我最大的愿望就是希望这本书的阅读经历成为你意义深远、富有启发的朝圣之旅。什么是朝圣之旅？这与单纯的旅行不同。当你踏上你的朝圣之旅时，你将怀着一个真诚和高尚的动机前往某个圣地，去拜访一位智慧的老师或者圣人。

当你拜访归来时，就会发生脱胎换骨的转变。你准备返程的时候会有全新的转变，焕然一新，清明彻照，走上一条永不退转之路。

然而，一本书怎么会成为朝圣之旅呢？这是可能的，因为大多数朝圣都有外在的时间表和路线——前往印度、拜访神圣的教堂、在大自然中静修——我们所希望获得的真正转变只能发生于我们的内心，我们在内心跋涉，从错误的认知走向正念，从限制走向自由，从隔离走向爱。

我邀请你们带着这本书和我一起朝圣——这次朝圣将自身作为它的神圣目的地，并向你作出承诺，让你与你内在心灵–智慧的殿堂重逢，与你自身爱的无限能量场重逢。

让我们一起迈向这个神圣的命定之旅，我邀请你接受本书文字所传递的爱，让智慧和指导触摸你们、拥抱你们，温柔、慈悲地引领你们抵达内心的最深处。

愿我的文字为你服务，助你迈向完整的神圣旅程。

愿这些文字打开你、疗愈你、高举你，引领你回到自己灿烂、无限的爱之海洋。

谢谢你信守你的诺言。

致以最高的爱

芭芭拉·安吉丽思

2016 年 10 月

加利福尼亚州圣塔巴巴拉市

第一篇·与爱建立新关系

1 爱就是一切：
通过心之妙门回归家园

心灵是一切圣地的中心。安住于心，自由翱翔。

——薄伽梵·尼迪亚南达

从我们诞生在这个世界的那一刻起，甚至在此之前，我们就一直行走在神秘、奇妙的心灵之旅上。不管我们相信自己要去哪里，期待自己去哪里，或者竭力避免不要去哪里，不管我们多少次后悔过去的行迹，或者遇到许多不期然的延误，我们最终都会被引领至某地——心之妙门。在那里，我们会惊奇地发现：我们孜孜以求的爱一直就在我们的内心。

你的整个人生就是一场关于爱的壮美故事。爱是我们生命中最强大的力量。爱看不见、测不到、摸不着，它吸引着我们，让我们无法拒绝。

你从爱中受孕，并被爱创造出来，只要你来到人间，你就会追求更多的爱，从不停息。在婴儿时期，意志引导你的第一个行动就是寻找你的母亲。你寻求接触，寻求安慰，寻求养分。渐渐长大之后，你寻求玩具、乐趣，寻求你热爱和期待的事物。你寻求父母给予你认可，你寻求友谊相伴，你寻求爱人的感情，你寻求能够共度人生的伴侣，你通过子孙寻求爱的延续。

我希望你已经拥有许多美妙的爱之体验。但是，最终你必须从向外追寻转向向内追寻，从而获得你所期待的无价之宝。

这里有一个回归心灵家园之旅的故事。

无始之前，至高本原（或者称之为上苍）创造了天地，并创造了天地之间的万物—— 一切的实体：植物和动物、日月星辰，还有他的杰作——人类。上苍看到人类，心中充溢着爱，如同你们对子女的爱，是那么的自然。他希望将最好的礼物赐予他的人类后代，这份礼物就是对自身自性的忆念。他这样做了之后，每一个人都知道在人类的外形之下隐藏着终极之爱，他们自然而然地充满喜乐。上苍因此非常高兴，他退居幕后，准备享受生命的游戏。

当上苍正准备休息时，突然，一群天人要求他召开紧急会议：

"上苍啊，我们遇到麻烦了。你让人类具有真实自性的知识，你知道发生了什么吗？每次，有人遇到挑战或者在亲密关系中碰到棘手的事情，他们就说：'等一等——难道我不记得自己与万有之源一模一样吗？如果是这样的话，那么我为什么要处理世俗的这些琐事？毕竟，我实际并不是寄寓于肉身之中的人，我与上苍是一体的。我是纯净之爱。这些人间戏剧太烦人了，甚至让人精疲力竭。为什么要费力维护这些关系呢？我要独自坐在这里，沉浸于自身的无限存在之中。'"

天人接着在会议上说："他们正是这样做的，人类相继决定，认为不必要再假装自己不是上苍，随后，他们停止做一切事。**他们不再学习人类的功课，他们不再成长，他们不再开发慈悲，他们甚至互不交谈。他们退出了宇宙的游戏。**"

"是的，这非常烦人，"上苍承认，"创造的全部目的就是为了让这些人类学会如何在回归自性所遇到的障碍中找到出路。我希望他们获得宇宙中最珍贵的东西——爱，因为爱是真实至高的本性。但是，他们记住这个本性之后，似乎对世俗生活的一切都没有兴趣。

"事态的发展需要采取特别的措施。**我们需要将他们的真实面目隐藏起来，不让他们轻易发现，这样他们就有持续寻求的动力。**"

"我有一个主意，"一位天人说，"地球上有一些非常高的山峰。我们可以将它藏于山顶。"

"这不管用，"上苍回复说，"人类有一种殊胜的品质，能够将心专注于某个任务，不管遇到什么样的困难，都要完成它。他们足智多谋，能够找到登山的方法。"

另外一位天人说："将它藏于海底，人类在海底无法呼吸。"

"他们会发明潜艇。"上苍回答说，"他们利用潜艇深入海底，就会发现它。"

"我知道了——将它藏于外太空!"一位天人提议,"他们无法远离地球。"上苍摇了摇头:"对不起——我将人类创造得太聪明了,他们的科学技术一直在进步,总有一天,他们会设计出飞船,他们会飞出太阳系。"

"我知道你该如何隐藏它。"一个温柔的声音提议。上苍抬头看到了一位年轻的女天人。

"好,那你有何高见?"上苍问,"你觉得我们应该将他们真实面目的秘密藏在什么地方?"

"将它深深地藏在人类的心中。他们永远不会在那里寻找自性之爱。"

上苍微笑了,因为他知道他们找到了一个绝佳的隐蔽之地。上苍立刻这样去做,所有人类立刻忘记了自己的真实面目。从此以后,人类在天上和地下到处寻找爱,但是却不知道爱就在他们的内心深处。

这本书介绍了如何进入一种全新的觉醒关系,将你和宇宙中最伟大、殊胜的力量相连,这种力量将充溢着你、疗愈你、引导你、唤醒你——发现与自身爱的无限能量场之间的关系。在灵性之心中,你会发现这个宇宙中隐藏着爱的礼物,这就是你的真实本源和原始家园。

爱是什么?我们通常认为爱是我们经历的一种情绪,或者是我们与身边某个人之间的联系。为了体验与爱的全新觉醒关系，我们需要对爱的真实面目产生全新的、觉醒的理解。

爱并不是一种情绪，也不是一种行为，甚至也不是你所感受的与另外一个人之间的联系——爱是无限心灵所产生的一种强烈、晶莹、无限的波动场。

爱是万事万物的原初力量，也是你存在的本质。它充满活力，生机勃勃。它是最基本的波动，是宇宙的黏合剂。

它是你所寻求的一切。

伟大的重逢

> 信仰不是对神龛的执着，而是心灵无止境的朝圣之旅。
>
> ——亚伯拉罕·约书亚·赫舍尔

在历史上许许多多的文化传统中，以心灵为中心的圆形图案已经成为合一和完整的象征，它光芒四射，化育万物。四千年以前，史前人类建筑了圆形石阵。包括埃及、德鲁伊、凯尔特和玛雅在内的许多古老文明在他们的灵性仪式中采用了圆形设计。你可能见过曼陀罗的图片，它是一个美丽的、灵性和仪式的象征，广为佛教和印度教所使用，用来代表宇宙。曼陀罗描述了从宇宙中心延展到世界的旅程，也描述了从外在世界回归内心的旅程。

从这个圆的中心开始萌发出生命。这实际上就是我们日常存在的真谛。太阳的中心散发出巨大的能量产生光和热，赐予了地球几十亿年的生命。没有太阳，我们就不存在。

同样地，细胞的中心是细胞核，包括人类在内的所有生物都从中萌发。生命从圆（细胞）中诞生，分裂出越来越多的细胞，最后成为现在的我们。神圣的圆形结构无处不在——从你眼睛的角膜到水分子的聚合体，从你早餐吃的橙子到雪花，再到星系的螺旋结构。**万事万物都从圆心萌生，并由此扩散。**

你可以在现实中看到如下现象：拿起一块石头扔进水池，石头周围形成小小的圆圈。这个圆圈与周围的水发生作用，形成另外一个圆圈，另外一个圆圈又形成新的圆圈，最后许多同心圆向外扩散，不断远离中心。这些圆圈是什么？它们只是一个波动的表达形式。一个波动创造了一切，并扩散出去。

这正是我们的本性。**在你的核心之处也存在着同样的神圣火花，伟大的宇宙之智处于万事万物的核心。**从那个神圣的源头表出不同的创造性智慧，它们产生涟漪，然后有了胚胎，然后是你的身体、你的个性，还有你生活中的事件，你所做的和你所经历的一切。你得出结论："这就是我——这些涟漪。"**但是你不仅仅是这些涟漪。**

本源 / 光 / 意识 / 自性将你扩散出去之后，自身仍然处于所有涟漪的最中心，仍然在不断创造波浪和脉动，如同池塘里丢下的石头。

而你的最核心之处就是纯爱的脉动，大家称之为心。

当我们想到我们的心脏时，我们把它看作一种肌肉，负责把血液输送到我们的身体里，让我们活着。但是，你真正的心不是肉体的心，而是形而上学的心。**这个内在之心就是究竟实在的依处。它是灵魂的入口，让灵魂从神圣无限的本源能量进入你的肉身。它是存在的家园，所有的涟漪从中产生，这些涟漪就构成了你的存在。**

在古老的文献中，心灵之心被神秘主义者当作波动空间进行讨论——正如印度著名的悟道者薄伽梵·尼迪亚南达所说："心灵是一切圣地的中心。"它是天堂和尘世之间的枢纽，也是宇宙之心和个体之心的枢纽。

这个波动空间的本质是什么？它就是爱的无边海洋。所以真正的灵魂之旅会让你回到那个中心，因为这个中心代表了完美和完整，它并不遥远，它是你的本源和本质。

回到心灵中心的旅程就是回到你真实的来处，回归到一切爱的源头。

这是伟大的重逢。

这是回家之旅。

这是在一些典籍中都有记载的非凡体验。虽然它们以不同的名称和形式出现，但是传递的信息都是相同的。

卡巴拉文献《光辉之书》：

"上天在人类的思维里隐藏自身，却在人类的心灵里彰显出来。"

《薄伽梵歌》说："我是居于众生心中的自我。"

佛陀说："道不在天上。道在心中。"

当伟人、圣者描述他们极具超验性质的体验时，并不是简单地将之形容为虚空或者虚无。"那就是爱。"他们这样说。具有濒死体验或者灵魂短暂地离开肉体的人在事后分享时，声称他们进入了一个超越一切、不可思议的爱的领域。

可能我们前面所述关于上苍的故事是正确的——我们的心灵是隐藏究竟真理的绝佳场所，因为大多数人是在心灵之外的地方寻找爱。

除了你的内心之外，你无法在其他地方真正找到爱。

你可以发展出一段亲密关系，但是你找不到爱。

感受爱，并非是去感受情绪。

它是在内心培养自己与自性和爱的终极能量场之间的连接。

亲密关系：灵魂在一起欢歌激荡

所有的生命都是一体的。差别都是表面的、外在的，只是身体层面的不同。伟大而普遍的意识就是实相，虽然以不同的名称和形式呈现，但是它与所有众生相伴，不仅是人类，它还寓于一切众生之中。

——罗摩奴迦

今天某个时刻，你打开家里的水龙头，水就流出来了。

你用水煮饭、洗澡、洗碗或者做其他事情，你需要水。水让你更多地体验到生活中的快乐、轻松和享受。

水是怎么流进你家的？水来自一个巨大的蓄水池，然后通过稍微小一点的储水池供应到家庭。水通过一组复杂的管道进入你家，这些管道把你和水连接起来。这些管道和水是一回事吗？"这真是个愚蠢的问题！"你想，"它们当然不是一回事。"**管道在你和水之间建立关系——它们提供水，但是它们不是水。**

这个比喻将会帮助我们回答下一个重要的问题。

如果心灵的能量是一种波动场，那么爱和亲密关系之间有什么区别？

爱就是生命之水。爱是神圣的，是无限的本源，能够以不同的方式滋润、支持我们。我们凭借着爱存活。我们每一个人都有自己爱的储水池，这就是"心"。我们的心使我们得以储存并获得来自本源处的水。

当两个人拥有一段亲密关系时，他们各自通过自己独立的心灵储水池获得爱。你有自己私人的"管道"，这些管道将你和你的爱相连，另外一个人也是如此。

亲密关系的所有组成部分——情感、交流、互相陪伴等——作为载体将你的爱导引出来，并与他人的爱互动，有点儿像两股能量流互相作用。（想象两条河流相汇，一起欢歌、激荡。）**但是爱之本源存在于你的内心。**

亲密关系与爱并不相同。

爱是美妙、活泼的能量波动场。

亲密关系是一种载体，通过它你可以体验到爱。

另外一个人也是一种载体，通过他你也可以体验到爱。

他们都不是爱之本源。

爱并不是从你生命之外流进来的，

爱是自内流向外的。

因此，当我们感受到爱的时候，我们感受到的是什么呢？

当无限的宇宙能量流进我们，充溢着我们，我们将这种波动体验称之为爱的"感受"。 这意味着我们感受到的任何爱都是心灵之爱！

为什么你有时候比其他时候感受到更多的爱呢？我想我能够非常好地解释它：

你要记住你有一个私人的爱的储水池——你的心。你可以将你的心想象成你的私人海域，里面充满爱的能量。

1. 另外一个人走过来——你的伴侣、你的孩子或者朋友——做了某件事或者说了什么话——甜言蜜语、亲切的善意和细心的呵护。

2. 他们爱的能量就像是一阵风吹拂着你的爱的能量，波动海域，激起了浪花。

3. 对方的波动能量越强烈，你在心里感受到被激起的爱之波动也就越大。

要理解我们所说的"爱"，这难道不是一种具有启迪性的方式吗？当你"感受"到爱时，你实际上是在体验内心所生起的生命力的运动，如同平静的海面突然涌起波浪。海洋的容量一直不变，但是当海上涌起波浪时，似乎大有不同，就像海洋自身变得越来越大了。**爱永远在你心里，但是有时候它激起波浪，你就会突然"感受"到爱。**

因此，将"我爱你"用一种全新、觉醒的方式翻译出来，可能会是：

"我的爱正激起波浪。"

或者

"你吹起的风在我的心海里激起了美妙的海浪！"

我们一旦对爱和亲密关系获得了这种全新、觉醒的理解，某些事情立刻就变得明朗起来。

当我们感受到爱时，我们就不会陷入爱中（falling in love）。

我们是在爱之中生起（rising in love）。

爱永远是你自己的爱。

你是不是曾经为此感到困惑："别人怎么将爱给予我？"回答是："别人并不能将爱给予你。"并没有人对你注入爱，或者每天将爱装在瓶子里给你喝下去。也没有人拿着特别的水管朝着你喷射强大的爱流。当你觉得自己感受到爱的时候，你的身上并没有添加任何可以测量得到的东西。因为，你身上的确并没有增添什么。**爱永远只是你自己的爱。**

回想你们曾经有过的亲密关系。爱的现身——不管是恐怖的，还是美妙的，你永远感受到的都是自己的爱。别人的言行合你心意的时候，会让你的爱借此生起。**但别人实际上并没有将某种重要的物质放进你的心里。他们所做的事情并不能增添你的爱。你只需要决定去感受自己的爱，打开阀门，你自己的爱就会流出并生起。但它是你的爱。**

爱并不是我们能够从他人身上"获得"的东西。

如果你自己没有爱，那么别人也给不了你任何爱。

没有人能用你尚未拥有的东西来填满你。

有时候，你感受到爱，有时候，你感受不到爱，但是你感受到的所有爱都是你自己的，从你内心爱的本源处生起。

爱就是它自己的源头。

我们经常将自身体验到的爱归结到另外一个人身上，似乎他们就是我们感受的来源——但是实际上并非如此。当然，亲密关系能给你带来欢快、愉悦、抚慰、友情等许多体验。对方可以成为一个伟大的"海浪制造者"。但是事情的源头是你自己的爱，你自己的海洋。

同样，你的爱也不会离开你的心，涌入别人的心田，去填满别人的空间。你的爱可以唤出别人的爱，但是却不能给予他们原本没有的爱。我们每一个人都必须学会如何穿过自己的心门，获得爱的宝藏，在对方尚未出现之前，我们就可以体验到这种爱。

这里有一个建议，告诉你下一次和你爱的人在一起的时

候，你如何开始注意到自身爱的生起：

可能你正在拥抱你的伴侣，或者和朋友吃午饭，或者看着你的孩子在玩耍，或者观察到家里的猫狗在做一些可爱的动作。

仅仅去觉知能量的波动——你将这种感受称之为爱——从你的心中生起。让你自己去感受它。请注意，当你体验到对方的能量时，爱之浪花会生起得更高。

不要试图用外在的东西让自己感受到更多的爱。

在那一刻，你只需要认识到你所感受到的是你自己的爱。实际上并没有人给予你任何东西。你自己的爱在生起。

你可以默默地认知到这点，告诉你自己：

此刻，我可以感受到我的爱正在生起。

在你的心灵面前，我的爱海泛起高高的浪花。

我的浪花很喜欢与你的浪花相互激荡。

但是我的爱依然是我的爱。

什么是爱的选择？

我们已经是一体的。但是我们认为我们并非一体。我们需要重新发现我们原始的合一状态。我们必须成为我们本来的状态。

——托马斯·默顿

如果你能体验到自己的爱在生命中时刻都会全面地生

起，你会怎样？

如果你能学会如何一直"处于爱中"，你会怎样？

如果你能成为强大的能量场，让爱流溢，提升并祝福你所遇到的每一个人，那会怎样？

当你作出爱的选择时，以上这些状态都在等候着你。

在你与爱的能量的相互关系中，爱的选择是一个革命性和启示性的转变。作为一种存在的波动状态，它邀请你进入一种全新的、觉醒的爱的体验。

这种选择能够让你感受到心灵本有的、无限丰盈的状态。

这种选择邀请爱发挥出它的无限性，流进你，作用于你，通过你表达出自己，通过你为他人服务。

这种选择与住在你心里的爱的能量场有一种完全自觉、坚定、充满活力的关系。

如同大家所看到的，爱的选择并不只是选择去更多地爱别人，也不是展示出更多友善和慈爱的行为，或者提醒自己更多地生起爱的念头。如果是这样的话，这本书的名字就会是《选择去爱》。这也不是一本教导你如何寻找爱的手册，也不会帮你如何获得别人更多的爱。如果是这样的话，这本书的书名就应该是《爱的追求》。

我们都想要爱。但是，我们错误地认为我们需要等待外部世界给我们一个爱的体验。

我们等待别人以某种方式去行动，让我们感受到爱。

我们等待发生什么事情激发我们，让我们感受到爱。

我们等待着，想知道我们要如何表现或者取得什么成就，才能让自己感受到爱。

这即是说我们等着让爱来选择我们。我们等待爱以某种我们认识的方式来揭示它自身，然后我们才能让自己感受到爱。爱的选择正好与此相反。

爱是我们每时每刻做出的抉择。

不要等待爱来选择你。

在每一个当下，你都可以选择爱。

这是一种很深刻的认知。我们不需要等着去感受爱，似乎是在期望它在某个时刻会降临。我们知道爱是首要条件——事实上，爱是我们的首要条件，爱也是我们真正的本性。所以，并不需要去等待什么。这是一种全新的选择。**与其寻找爱，等待接受爱，或等待感受爱，不如学会如何去选择爱，去发现爱的最高频率，并将我们自己与之相连。**

因此，爱的选择意味着去认识、重新连接，并在无限巨大的爱之能量场中游泳，这个能量场就是你最本质的波动。

爱的选择是你内心爱的波动场向外的运动。

你选择将内在爱的能量场定向地散发出来。当你感受到爱从内向外散播，你就体验到了生命力本身的运动。

当我们作出爱的选择，我们就将自己重新校准到那个最高的波动频段，让能量在我们的生命中成形。爱的无限能量如何表达自己？它表现为喜悦、激情、慈悲、连接、创造力、觉知、智慧、正直、服务等，这个列表可以不断加长。

你可能拥有满意的亲密关系，也可能没有。

你的自我感觉或对生命的感觉可能很好，也可能不好。

你并不需要等待才能感受到爱。

你可以作出爱的选择。

这种对爱的全新理解从根本上转变和扩大了我们体验爱的可能性。这是从"我正在爱某人/事"到"我爱"的转换。

人们通常认为是指：

我正在爱（_____）。

我正在爱我的丈夫、我的女儿、我的狗狗、我的花园、我的新车，等等。

当我们作出爱的选择，我们就开始拥有新的体验：

我就是爱。

我就是爱，爱从我内在生起，通过我表达自身，流向那个人/目标/体验。

爱成为我们与整个世界相连的方式，并不单纯与某个特定的人或经历发生关系。我们并不需要爱的特定对象，才能让爱的能量生起。

我爱……不管是什么在我面前，都会体验到这样的爱。我是爱的移动能量场。

我们还可以更进一步——甚至并不是说你的爱在生起，

或者说你的爱流溢出来。**事实上，仅仅是爱而已。当下只是单纯的爱。爱从你内在生起，并且通过你而溢出。**

　　这就是我们在本书中要共同跋涉的旅途。正如你们在接下来几章学习到的，作出爱的选择需要学习如何回归到你自己的内心深处——你的自性本质，这超越了你的个性和环境。你将发现如何疏通自己和那无限宇宙力量之间的管道，增加你的能力，拥有更多的原初能量，并将之传播到整个世界。与你自己浩瀚的爱之能量场重聚，在自己和他人的关系上，你就可以自由地作出全新、觉醒的选择。你的心灵将会流光满溢，并用爱祝福这个星球。

你一直处于爱中

充满爱的人就充满了神的生命。

——圣奥古斯丁

　　当我们开始认识到爱的真谛时，就更容易理解那股无法抗拒的力量，它将我们吸引至其他人类——我们在另外一个人身上发现了无形之我的镜像，并被它吸引。我们沉浸于凝视他人心灵海洋的快乐，爱在他人心中起舞，我们也感受到自己的爱生起，并加入其中。

爱是至高的心灵练习。

　　人我之间的界限消融了，我们体验到真正的"大我"，体验到真正的合一。

　　自性通过爱的方式彰显自身，从一个有形的个体流到另外一个有形的个体。

　　这就是我们在尘世体验天堂的方法——通过彼此相爱。

　　当你凝视他人的双眸时，你难道没有体验到它吗？你知道你们二人是不同的个体，但是有一种合一的感觉在你们之间流淌。界限感消融了，有一种非彼也非此的感觉彰显出自身。这就是神圣的"大我"，我们将会进一步讨论它。

　　当你和他人的爱之海同时涌起，爱也会随之翩翩起舞。

　　这是一种觉醒的关系：你们双方都同时觉知到自己的爱。爱在你们二人之间来回欢快地波动，如同联结两颗心的桥梁。你们并肩而行，共同庆祝爱的奇迹，爱在你们各自的心里起舞，也在你们之间起舞。

　　我们所有人都喜欢、也体验过"在爱之中"的状态。"我希望我沐浴爱河。"当我们单身的时候，我们就这样期待。但是后来，当我们有了一段亲密的关系，我们就会抱怨："我记得我们初次陷入爱河的情况，我希望我们现在爱得更强烈。"

　　以下是一个令人震惊的事实：你内心最崇高的地方就是那个充满爱的地方。你的本质就是那份爱。因此，你一直，并且已经处于爱之中！

当下，你就在爱中。

你一直在爱中。

你无法不在爱之中。

你虽然可以让自己感觉不到爱，或者不容易感受到爱。

但是，你依然处于爱之中。

爱就是一切，

它无处不在。爱是万事万物，

爱无止境。

因此，爱就是你的一切。

爱是心灵能量的无边大海。

你已经身处其中。

事实上，你本身就是爱。

我们知道，想要获得任何有意义的亲密关系，我们必须处于爱的状态。学会如何依靠自己"去爱"，与自己相爱，这将让我们初尝真爱的滋味。

觉醒的方法：学习如何作出爱的抉择

我将用爱来充满这个世界，在尘世建立天堂。

——玛哈礼师·玛赫西·优济

我们生活在一个波动的宇宙。现代科学告诉我们，宇宙的万事万物——所有的声音、光和物质，包括你们——不过是不同频率的能量波动。我们所看到的致密物质不过看起来是致密的，但是当人们从亚原子的层次来观察时，它就不再是物质，而仅仅是纯粹的能量。我们都是波动的意识。

爱是宇宙中至高的波动。**当你处于时空之中，处于爱的波动之中，你自然而然地与自己的最高存在对齐。你就会以尽可能高的频率波动。当你作出爱的选择，你就选择了内心最高的存在。**

因此，学会如何作出爱的选择是最终的解决办法，也是最终的波动疗法。与更多的爱相遇，你将无处不受益：

　　不管你面对什么，解决的办法就是爱。

　　爱要多，不要少。

　　对自己，爱要多。

　　对别人，爱要多。

　　在旅途中，爱要多。

　　成就自己的人格，爱要多。

　　面对挑战，爱要多。

　　面对痛苦，爱要多。

　　面对恐惧，爱要多。

　　面对对抗，爱要多。

　　当你不想给予更多的爱时，爱要多。

　　每一个困境缺少的都是爱的成分。

只要有一丝的光线透进黑暗，黑暗就会立刻消失，不会再有黑暗。**爱也是如此，因为心灵能量场的本质就是光。你将爱带到任何地方，那里的黑暗就会消失。**所以，如果一个人带着满满的爱在波动，我们就说："他光彩四射！"他似乎从内向外在发光——实际也是如此。当你感受到爱的时候，世界都变得光亮，这样你也更容易看到别人的光亮，因为你自己的视野里充满了更多的光。

我要讲一个古老的苏菲寓言：

从前，在地下深处，有一个黑暗的洞穴，从没有人去那里冒险。洞穴里一直没有光线，因此，从没有人意识到它的存在。

有一日，伟大的太阳决定对洞穴发出一份邀请，想让它上升到天界进行访问，让它看看阳光。洞穴不理解"光"这个词到底是什么意思，但是太阳是个大人物，洞穴不想冒犯太阳，接受了邀请。当洞穴上升到天堂，眼前看到的一切让它感到震惊。它之前从来没见过光，它被天堂的一切所震撼，以至于不想离开。

洞穴决定礼尚往来，为了还太阳一个人情，它邀请太阳前往地下深处去体验一下黑暗。太阳从未见过"黑暗"，实际上它也不知道"黑暗"这个词是什么意思，所以它欣然接受了洞穴的邀请。

第二天，太阳如约进入地下。它开始寻找洞穴所描述的"黑暗"，但是无论太阳怎么寻找，它所看到的都是光明。太阳转身对洞穴说:"不好意思,洞穴。**我不想冒犯你,你说你这里有黑暗,黑暗在哪里?这里跟我住的地方一样——我看到的都是光明。**"

爱自带光明。

爱所及之处,都被照亮。

我们如何作出爱的选择呢?

我们选择去爱自己,不管我们经历了什么,也不管我们面对的是什么。

我们选择去爱自己,不管我们曾经跌倒或失败过多少次。

我们选择以慈悲的方式去爱自己,即使我们看到了太多不属于爱的东西。

我们选择把爱带到我们的亲密关系中,即使有困难、纷争,有那么多的理由去放弃、回避、躲闪,即使有那么多不是爱的东西。

我们选择看到别人内心最高的存在,即使他们自己已经忘记或抛弃它。

我们选择将爱带到充满挑战和痛苦的境遇,虽然我们在心里说:"那没什么好爱的,我没办法去爱。"

对我来说,作出爱的选择一直是我自己修习道路的基石,爱一直是、现在仍然是我最重要的修习。每当我在生活中犹豫彷徨、进退无措;每当我被自己的恐惧、焦虑或担忧所击垮；每当别人伤害我、让我失望、使我受伤、背叛我，我都会寻求爱。**我会决定作出爱的选择，即使在开始的时候我不知道那是什么意思，也不知道它要如何实现。**

在这本书里，我们迈上令人振奋的、强大的、脱胎换骨的旅程。除了教导和智慧，我还将为你提供诸多爱的选择练习，这些练习是为了帮助你与自己至高的爱保持波动一致，并时刻与你最开阔的心灵状态相连。

为了帮助你开始，现在介绍最基本、最强大的爱的选择练习。

作出爱的选择

在每一个刹那选择爱，只需要向自己问以下两个问题：

我将如何能给 [_____*] 带来更多的爱？

现在在看起来怎样？

* 将名称或对情况的描述填在里面。

这是一个重要的练习，它可以立即提高你的波动，扩展你的意识，并将爱的能量从你的内心散发出来。在生活中，我每天都会多次使用这种方法，并已向成千上万的学生传授了这个方法。他们说，这已使他们产生了翻天覆地的变化，

让他们知道如何去生活，如何去爱。

这些问题的力量在于你不是问自己：

"在这样的情况下，我如何修正别人？"

或

"我要通过什么样的行为来处理 / 控制 / 操控 / 防止这样的状况？"

或

"他人能够用什么样的方式来给这样的状况注入更多的爱？"

相反，你唤醒你的至高自我，这样你就已经作出了爱的选择。

当你问："我要如何将爱注入这样的状况？"你就已经切换到爱的波动中。你就已经将更多的爱带到这样的状况中。当你问："现在看起来怎样？"你已经将你的视野敞开，获得了新的可能性，并且邀请你更高的意识向你展示一些更觉醒的选项。

重要的是要明白，你不要将这些问题当成放进机器里的代币，期待冒出一个奖品。它们是波动的问题，设计出这些问题，是为了通过你的提问重新校准自己。你问："我如何将最多的爱带到这样的状况？"开始你可能会收到这样的回答："我不知道！"不要担心。开始的时候，这样的思维很正常。继续询问，最后选项和方向就会自己彰显出来，一定是如此。仅仅是通过询问，你就已经让爱自己彰显出来。当你着手处理这些问题时，你已经作出了爱的选择。

当你向自己提问的时候，将情况具体化会很有帮助。这里是一些例子：

在我现在工作的项目上面对如此多的挑战，我如何生起更多的爱？现在看起来怎样？（寻求更多的帮助。祝贺我已经取得的进步，不要给自己泼凉水。列出自己过去曾经战胜的挑战。停止对项目伙伴喋喋不休，不用将他排除在自己的工作之外，贬低他的价值。）

我现在正和丈夫发生争执，我要如何生起更多的爱？（告诉他，自己对于他乐于沟通的态度表示赞赏，不要因为他不同意自己的观点而错怪他。给他一个拥抱。建议一起休息一下，出去散个步。提醒自己为什么会爱他，不要专注于他令人讨厌的地方。）

在以下情况如何生起更多的爱：对孩子没耐心／不愿意参加的活动／将要和员工进行困难的沟通／其他任何事情？现在看起来怎样？

你也可以尝试使用微调版的"爱的选择问题"，这可以帮助你深入到答案中。

"我如何将最多的爱带进这样的状况？"

当你处于时空之中，处于爱的波动之中，你自然而然地与自己的最高状态对齐。你就会以最高的频率波动。选择爱，你就可以活出自己的最高状态。如果你彷徨无依，让这些问题成为你的指南和地图。这些问题会将你带至你心灵的深处，让你上升至你觉醒意识的最高点。

在爱的面前敞开自己

> 我们并非仅仅是肉身的存在，我们是微风之中翩翩起舞的爱之低语。
>
> ——迈克尔·提尔

我们都在寻求最崇高的心灵体验，我相信这些体验之中最神圣的就是爱。爱提供机会，让我们拥有内在的切实体验。只有在这种体验中，我们才能超越孤立，瞥见那不可见的合一，这就是个体和全体的真实面目。

你和他人之间的爱可能是一种最亲切的方式，让你参与到这种伟大的神秘体验之中。

你有过这样的体验——你和他人之间的界限消融了。

在这个刹那，你超越了孤立的幻觉，融入合一，不仅是和他人融为一体，也和万物融为一体。

你成为爱。

我曾经进行长达几个月的修习，在年轻的时候，我和第一位老师在一起修习，几十年后，他去了我第二位老师的精舍闭关。这都是非常美妙的体验，有时候在六个月甚至更多的时间里，我每天花 12 到 15 个小时修习，将自己彻底沉浸在意识深处，几乎完全止语。我知道，对于大多数人而言，这样的生活无疑是噩梦，但对我来说，却是福气。

20 世纪 70 年代早期，在这些密集修习中的某一次，我觉得自己体验到了爱的心灵契悟。这是一个非常个人化的体验，我从来没有在公开场合提过，但是，这段体验很适合本章，因为这章也与回归心灵的家园有关。

某一日下午，我正在房间习练，完全进入了一个非常静默和无限的状态。突然，我开始不断膨胀。时间、空间和现实的界限开始融合，我感觉彻底地脱离了肉身，离开了这个世界，离开了存在的领域。

任何意义上的芭芭拉、任何意义上的个体、任何意义上的万事万物都不存在，只是合一的状态。我（虽然当时并没有"我"的残余）就是伟大的一切。当时，并不是"我"在体验爱，是"我"融进爱里。我就是爱，爱就是一切。

在那个状态下，会生起一种觉知：宇宙万物都是被爱创造的，那些看起来不是爱的事物也是爱。表面上和爱分离的事物也是爱。没有其他东西，为什么会这样？一切都是爱。

这是一种觉知，即使这觉知本身也是爱。但不是一种激动的状态。不会生起这样的念头："哇，我生起了殊胜的心灵体验。"因为当时没有芭芭拉这个人在思维。**我只是爱，这个爱觉知到自身是爱。**

　　我后来意识到，这个状态大概持续了几个小时，在那无限之爱的某个点，出现了最细微的波动，那是"自我"意识的微光。我存在着。那个"我"缓慢地、越来越意识到自己："我寄寓于地球上的某个肉身。我现在需要返回那个肉身了。"即使在那时，这种体验也是爱回归到身体，爱在呼吸，爱穿上了芭芭拉的形体，爱采取了某种形式。

　　最终，我发现自己回归到芭芭拉的身体内，坐在房间。

　　自从有了这种体验，我就发生了永久的转变。**我生平第一次知道了我的本来面目。我体验到了我的真正传承，这改变了一切——我就是爱。我知道，所有其他人也是爱。**

　　那天晚上，当我离开房间去吃晚饭时，一切看起来都不同，感觉也不同，从此以后，一直如此。

　　这次的体验改变了我的生命。现在我知道爱是唯一的和首要的条件，也是包括我自己在内的万物的本源，我开始处处寻求爱，处处认识爱，处处调谐到爱的波频，并努力在任何状况下找到回归爱的路。

　　这个体验带给我另外一个无价的礼物是广阔和激动人心的真实觉悟：只要我们接触到爱一秒钟，我们就完全沉浸于爱之中。我们只要片刻和爱相连，就会连接到爱的全体和源头。这就是我分享这次体验的原因，因为它展示了为什么我们所做的爱的选择比我们想象的更深刻。

爱就是爱。每一滴爱里都具有爱的完整力量。你在某个瞬间所体验到的爱就是你对一切的爱；你在某个人身上所体验到的爱就是你对所有人的爱；你对任何事物的爱就是对内在、心灵和伟大本源的爱。

你可能也具有这样的特殊体验，你脱离了日常现实，突然感到巨大的爱之波浪。你当时可能正在拥抱你的伴侣，或者正在凝视你熟睡的孩子，或者在教堂做礼拜，或者正在虔诚地祈祷，或者正沉浸于大自然的美景。在这个刹那，你就会意识到你以前认为不属于爱的事物、不够好的事物、你所有的故事和模式都完全是幻觉。在这个刹那，有限的自我和所有证明你与心灵分离的文件、证词、证据、理由，看起来就像愚蠢而恼人的小丑正用愚昧来打破你的幸福！在此刻，你知道爱是真实不虚的。

作出爱的选择是一条心灵之路，引导我们回到完整的状态。我们首先要学会感受我们自己无限的爱，向它敞开，对它臣服，并通过它的疗愈能力清洗我们的创伤，这样我们就能成为接受和传递爱的纯净容器。

我们从内心的殿堂里走出来，把爱散播到这个世界。

当你发现自己内心无尽的爱，你将开始体验一种令人陶醉的自由。这就是沉浸于爱的自由，无论他人是否爱着你。这是用自己所拥有的爱自斟自饮的自由，庆祝它在你心中彰显出的神秘奇迹。

爱在你自身显现出来，无人可以剥夺。

请邀请他人进入你自己爱的状态，

你就是爱的本源。

记住：别人可以在你的海洋里游泳，但是那依然是你的水域！

我想在旅途的第一部分再赠予你们一个智慧的纪念品。这就是"爱的选择"重新校准真言：

爱的选择重新校准真言：
我在内心生起的爱面前敞开自己。

在任何方便的时候，把这句短语导入你的觉知中。当你闭上眼睛坐着，散步或睡前，或当你需要更加专注和开放的时候，你可能希望在意识里温柔地接纳这句真言。你可以把这句话写下来贴在冰箱、电脑、汽车或者浴室的镜子上作为提醒。

这与自我肯定是不同的。这句真言是一个波动的通道，设计这句真言是为了在你心里敞开自己，而不仅仅是在你的心里留下一个印象。

"敞开"意味着你正在为某件事情的发生创造能量空间。

你正在作出选择，去体验内心的爱，你并不是在等待爱来为你做什么——你自己选择爱。

"面前"意味着爱已经在你心里。爱不需要从别的地方来到。爱在那里等着你去体验。你并不是在那里等待着爱，希望它现身。爱已经，并且一直在等你。

"内心"提醒你不是在你身外寻找爱的现身。爱在你的心里，在你的本源之处。

对爱的现身表示敬意，因为那是你自己的爱，也是爱本身。

记住：你就是爱。

我在内心生起的爱面前敞开自己。

愿爱在此刻彰显自身。

愿爱在波澜壮阔的海浪中生起。

愿爱迎接我回归家园。

2 大消融：
用爱疗愈你的亲密关系

我们浪费时间去寻找完美的爱人，却不懂得创造完美的爱。

——汤姆·罗宾斯

你拥有一段你完全不知道的亲密关系。虽然它是你拥有的最重要的亲密关系，但你可能没有觉知到它的存在。实际上，你其他的所有亲密联系——你和伴侣、孩子、父母、朋友、同事的关系——都依赖于它。**这就是你和爱的亲密关系。**

你和爱的亲密关系与你和爱的行为的关系是不同的。你和爱的关系涉及你如何和爱自身的原初能量相连。如同你和某个人的关系是以你的态度、行为和选择为特征，同样，你和爱的能量也有实际的互动关系。

你和爱有什么样的关系呢？它可以是一种合作的关系、对抗的关系、和谐的关系或敌对的关系。它也可能是一种稳定的、持续的关系，或者是一种不稳定的、戏剧性的关系。每时每刻，你都在有意无意地选择如何与你内在无限爱的能量相联系。

当你与另外一个人处于亲密关系时，你们实际上是处于

一种三角关系。你同时拥有两段亲密关系：一段是和另外一个人的关系，另一段是和内心爱的能量的关系。

我喜欢说："爱一直在行动。"根据物理学原理，我们知道所有能量的本质就是运动，大家都知道，爱是能量的最高本源。所以爱的本质也是渴望行动，渴望流动并表达自身。

我们暂且想象一个只有几个月大的婴儿。他伸出双手渴望被人抱起来；他用小手抓住你的手指头；他将头靠在你的身上。稍微长大之后，他开始给每个人爱：他触碰狗狗的脸；他亲吻兄弟姐妹；他拥抱自己的泰迪熊；他会将小零食送给陌生人；看到你进屋了，他会跑过去与你拥抱。**他不会封闭自己的爱。他不会储藏爱。他藏不住爱。爱自然而然地流露出来。这就是爱的运动性。**

爱的本质不是被储藏，不是被控制，也不是静止的。

爱的本质是流动的。

我们可以体验到爱在我们内心运动，寻找关注的对象——我们的伴侣、孩子、朋友——这是爱的一贯渴望，这样它就能体验到自身更多的快乐。

大多数人读到这里会想："这听起来非常好。我当然希望在生活中尽可能多地拥有爱——多多益善。我愿意多多地感受爱、欢乐和开放，希望没有任何限制。"

但是对于大多数人来说，实际情况并非如此。我们并不会让自己去感受这种基本爱的能量所产生的全部力量，相反，我们会干涉这种生命力的流动。我们试图去控制、管理并调节爱的流动。

我们并不去做爱的选择，我们经常选择不去感受，限制我们内心的体验。

当我们努力去管理我们的情绪，管理我们对爱的感受时，我们就将我们渴望已久的爱拒之门外。

踩刹车

我的母亲非常棒，我相信与她那个年代的许多人一样，她开车的习惯与其他人不同，因为那个时代的人在年纪很大的时候才去学开车。她的驾驶习惯大体上是一只脚踩油门，另一只脚几乎同时踩着刹车。她喜欢开快车，所以她会踩下油门，但随后她会紧张，所以她就会踩刹车，这样车就会来一个急刹。然后，她再次加速，并加大刹车的力度。加速、刹车，加速、刹车。

我妈妈喜欢高速带来的刺激感，但她不喜欢汽车加速时失去控制的感觉。我称她具有一种"与强度的矛盾关系"。我曾经分享过这个甜蜜的故事，要想理解和转变与爱的关系，要点就是更多地了解自己与强度的关系。

我们大多数人想要的——更多的爱，更富足，更成功，更多的机会，与灵性更多的联系——这一切都不可避免地给我们的生活带来更多的能量，更多的能量意味着更大的强度。当我们说某件事给我们强烈的感受时，是什么意思呢？强度就意味着我们体验到许多波动的能量。它是我们内在生命力快速、深刻的运行。

"我和丈夫进行了非常激烈而坦率的对话。""去医院探望我的父亲让我很紧张。""得知我以前的爱人要结婚了，我很激动。"这些情况都会很自然地激起我们强烈的情绪。**当我们感觉到某种强烈的情绪时，这意味着我们内心的波动能量增强了。**

如果我们不能顺利地处理这种情绪能量的波动，就会处于"紧张状态"。为什么呢？因为我们感觉到在能量和不适之间存在着对抗。**强度并不是问题的所在——问题在于我们对强度的排斥。**

如果我们对强度感到不舒服，一方面我们渴求更多的爱和亲密关系，另一方面，我们对强度产生抗拒，这样就会制造对抗。

我们希望体验更多的爱，但是我们并不是那么疯狂地渴望体验到强烈的感情。

或许，你可以称此为"波动的对抗"。我想要行动，但同时也希望掌控。我想要成长和发展，但同时也希望管控发生的一切事情。我想要体验心灵和内在之爱，但是我不想感受到过度的能量。我想要亲密的关系，但是并不想过度依赖你。

　　这里有一个新的视角：与我们认为的不同，情绪上的不舒服并不是来自感受。它来自你具有某种感受，但是你想与之对抗。当我们具有强烈的感受时，我们需要认识到，并不是我们的体验造成了问题。而是由于能量的增强在我们内心造成了紧张的感觉，我们对此产生了不舒服的感觉，并且抗拒它。

　　如果你任由感受流动，如同任由水流从封闭区域流出——水流出来，压力就消退了。如果你试图不去感受，你就会遇到麻烦。

　　抑制爱所需要耗费的能量是非常大的。因为爱是生命力——记住：爱需要自内向外运动，彰显自身。**如果你试图抑制它、存储它、调节它、阻止它、忽视它，你视爱的感受为敌，那么你终究会在这场对抗中败下阵来。**随之不可避免地爆发的内部冲突将在你的心里制造出巨大的紧张感。

　　爱不会导致不舒服，和爱对抗才会导致不舒服。当你试图压制爱的时候，你就在向自己的心灵宣战。

　　当爱在你的身体内运行，当你自己成为爱本身，当爱在你和他人之间运行时，爱的选择就是选择让爱流动，并愉快地参与到生命力的舞蹈中去。

　　你和强度的关系不仅影响到你的亲密关系，它还对你取得多大的成就、具有多大的创造力产生巨大的影响。我不断见证了这样的例子。有些人希望变得更开放、更成功，但是他们最终遇到瓶颈，停滞不前。之所以如此，原因有很多，但是其中一个原因就是他们无意识地把格局做小，因为他们内心有一部分认为，他们无法处理随着强度增加带来的更重责任、更多亮相和更大成就。他们害怕过犹不及，无所适从，所以只要他们开始真正发展起来，他们就会突然退缩，放缓下来。

大家知道吗？我们很多人在追求成长和个人转变时，也是这样。我们开始行动，感觉到进展越来越快，变化也是越来越大，我们觉得自己无法完全控制局面。我们突然就想："哦，天啊，这强度太大了。"就像我那可爱的母亲，我们就开始给我们的"意识之车"猛踩刹车，想稍微缓一缓，虽然我们觉得我们应该加速。然后我们又对自己没有继续前行感到不解。

有多少次，你发现自己这样想："我无法再处理 _____"：爱、责任、机会、启示、决定、要求。但是你是可以的！你觉得自己到了极限，这是个幻觉。在下一章中，我将更多地解释如何扩展能力以容纳更多的爱、智慧和力量——就像在餐馆里增设座位区，或者给你的电脑增加新的内存。

希望你开始更多地了解你与爱的关系。现在，开始思考这个重要的"爱的选择"重新校准问题：

"我与强度有什么样的关系？"

不可见的对抗：你惧怕爱吗？

爱让人卸下不敢卸下的伪装，懂得要向内心而活。

——詹姆斯·亚瑟·鲍德温

爱为什么会如此强烈？

我们为什么要与自己最渴望的东西做抗争？

当我们终于拥有一段孜孜以求的亲密关系时，为什么我们总是义无反顾地切断它？

亲密关系为什么那么可怕，以至于我们常常愿意冒着失去它的风险，而不是臣服于它？

你有没有想过自己是否害怕感情上的亲密？ 试着想象你和自己非常爱的人在一起。也许你们正在谈论和分享内心最隐秘的部分。也许你们正静静地躺在一起，或者牵着手看日落，或者凝视在床上安稳入睡的子女？你们度过的每一刻都让你们不断靠近，你开始感受到比你们俩更伟大的东西——它就是合一的强大能量。你们都有融入对方的感觉，你们都陷入了爱的强大旋涡中。

开始的时候，你们可能会爱上这种感觉。你们都很开心，能够体验到彼此之间这样深刻的连接。然后，你可能会注意到你开始感到焦虑，觉得失去控制。你们平时的界限正在融化，你不知道自己和爱人的边界在哪里。你熟悉的保护系统崩溃了，你突然感到脆弱。这就好像你被什么东西吞没了一样，无法阻止它。

如果你无法掌控那样的波动强度，你在此刻就会从爱中撤出，并远离它，你担心自己在爱中迷失。你可能觉得需要一些空间，或者想办法推开对方，试图避免亲密关系，阻止更多的亲近。你或许希望离开伴侣独处，在极端情况下，甚至打算放弃亲密关系，你自己还不知道是什么原因。

在这种情况下，你到底在害怕什么？你害怕淹没在自己爱的汪洋大海之中。你害怕丧失自己的独立性，被合一的体验所劫持，没有给自己的独立性留下空间。你害怕关心太多，需求太多，感受太多，爱得太多。

如果你一直将控制和保护放在首要地位，那么真正深入的爱和强烈的臣服感就会让你感到害怕。你就会想办法远离他们。

不管你是与爱人、朋友、子女还是动物伙伴相处，合一的体验总是非常强大。有时候，那种爱的强烈感受以及界限消融的感觉会让你感到害怕。为了对付这种强烈感受，对付这种对爱的渴望，一个可能的办法就是让自己觉得并不是真的需要它。我们的需求成了我们的敌人，我们尽力去否定它们、忽视它们，让自己对它们麻木。

这是在人生中，我们大多数人一直在内心进行的不可见的抗争。不管是和亲密的伴侣，还是与朋友、家人，甚至和子女在一起的时候，我们像是一位专家，去调控与管理爱和亲密关系的强度。

大多数时候，我们并没有意识到我们正陷入了一场战争。"我爱我的丈夫。我珍视我的好友。为什么我要把他们推开呢，即使只是暂时推开？"我们感到奇怪。但是，我们私下里怀疑有时候我们的确是推开了他们。可能你关心的某个人也会这样对你，你所爱的人处于困境中，没办法全面地去感受，所以推开你。

当我们有意无意地掩饰自己的爱时，我们并不是对别人隐藏爱，我们是对自己隐藏爱。

错过爱的是我们自己，而不是别人。

因之受到伤害的不是别人，而是我们自己。

因之受到盘剥的不是别人，而是我们自己。

当我们决心控制、调节爱的时候，我们总是失败。

当我们真的去爱了，不管结果如何，我们从不会失败。

为什么当你期望感受爱的时候，却自我设限？爱永远是一份礼物。你的爱擦亮了你自己的双眼。爱清除了你视野里的碎屑。当你通过爱的双眼观察，所有人看起来都很好。如果你不允许自己的爱流动，万事万物都显得空洞、干瘪。爱让这个世界美丽。

你心灵的水池有多大？

当你感到苦恼，当你因自己的弱点而跌倒时，请在这个爱的池水里泡一泡。

——美赫·巴巴

想象你和一位朋友在某地度假，你们想去游泳。那里有两个水池可供选择。你走到第一个水池旁，发现那里的水很少，水深只有若干英尺。"这样的水池，他们还指望人们进来游泳？"你疑惑地对你的朋友说。你打算去看看另外一个水池，找到之后，发现水池清澈见底，水快漫到池边了。

你们打算到哪个水池里游泳呢？你们想跳进只有一半水的池子里吗？不会的，你们会进入那个池水满溢的水池游泳。

我们每一个人的心灵就像爱的水池。问题是：**你是哪一种水池呢？**你是不是一个注满了爱的水池呢？这样人们就希望"潜入"你的能量之中。你是不是只有半池水？这样别人就会想："你希望我跳进去吗？我可能会伤害到自己。"

我们何不将自己的心灵之池注满呢？我们能够感受到或者能够生起的爱是不限量的。我们只需打开阀门，让我们期待的宇宙生命力不受限制地流出来。

若干年前，我在访问夏威夷的时候，遇到一次海啸警报。当时在新西兰发生了大地震，科学家警告夏威夷岛上的居民可能会有海啸发生。记得我当时想："这真是神奇。夏威夷离新西兰有 18046 千米之遥，但是波动的能量却能千里迢迢传递到这些岛屿。"能量波的运动之所以可能，是因为有足够大的物质可以作为能量的导体，海啸能量的导体就是巨大的海洋。

当你朝着池子扔一块石头的时候，就会激起涟漪。如果水池有边界，波动的能量在抵达岸边之后就会停止扩散。另外，如果你扰动了一大片水域，波浪就会持续扩散，因为它有极大的运行空间。

同样地，如果你的心灵之池很小，你在传递爱、智慧或心念之波的时候，能够传递的距离和产生的影响就非常有限。如果你的心灵之池非常大，就像一片湖呢？如果像一片无边的海洋呢？**如果你的心得到了扩展，你向他人和世界传递的爱、启发和正能量之波就会激起一个又一个的涟漪。**

在我看来，有些人具有"对心灵深水区的恐惧"。他们只在爱的浅水区活动，就像在游泳池的浅水区活动，害怕进入深水区会带来危险。"我担心如果感受到太多，就会被淹没。我不知道如何在深刻的感受里游泳。我担心我会消失或失去控制。"

你不会因为太多的爱或者感受而被淹死。实际上，如果没有它们，你反倒会被淹死。

你是否曾经为将要去池塘里游泳而感到兴奋，却失望地发现水面上覆盖着污泥、苔藓或枯叶？你的心灵之池是否充斥着情绪的碎屑，你邀请人们跳进去游泳，但是你却长期没有清理水面的浮游物？或许你邀请人们在你的心灵之池里游泳，但是却将"情绪的池盖"放在上面。他们知道底下是清澈的池水，希望跳进去，但是却无法进入。

爱的选择就是去选择成为清澈、让人无法抗拒的爱之池。当你作出选择，通过波动给自己调频（我们稍后会进一步学习），这就像启动一个强大的过滤系统，开始让你波动的心灵空间流通，过滤掉原有的垃圾，并清理沉积物。当你拔掉系统的塞子，更多的爱就会涌入，将你填满。**你希望你的爱之池干净、满溢、充满吸引力，人们迫不及待地跳进去。**

巨冰：当你爱的海洋变成了冰

> 你的心灵对他人敞开得越少，它受的苦就越多。
>
> ——迪帕克·乔布拉

我们来到这个世界，沉浸在爱中，成为爱的使者，将爱带给我们周围的每个人。把婴儿抱在怀里，你会立刻感觉到纯洁的爱之河流从他们波动的幼小心灵涌入你的心中。这种超凡的神奇力量是显而易见的。我们认识到，他们拥有我们没有的东西，他们拥有我们曾经拥有但后来失去的东西。我们惊奇地看着他们，沉浸于每一个幸福的微笑，从每一个可爱的凝视中获得乐趣，惊叹于这些弱小的生命近乎神秘地展现出来的奇迹——他们打开了我们的心。

　　这里我所说的"他们"指的就是你们。在这之前，你们的率真和纯洁被伤害和失望所创伤。在这之前，你们觉得别人总是看不到你灵魂的闪光点，也不会温柔地对待你们。在这之前，你们的心灵所散发的光辉被生命中的各种考验所笼罩。

　　爱究竟出了什么问题？其实，爱并没有出问题，因为它是我们的本质，爱是贯穿我们的内在能量，爱就是我们自身。

　　然而，我们的人性本能要引领我们生存下去，并不惜一切代价保护自己免受痛苦。**所以，每当我们被某个人伤害，我们的信任被滥用，我们的付出被拒绝时，就好像我们冻结了爱的一部分，使它无法流动。**

　　想象一下，我们在过去遗留下的每一个未治愈的情绪和未解决的问题，都是一个巨大的冰块。慢慢地，一块接着一块，我们用冰墙把自己封闭起来，把爱堵在里面。开始的时候，如果我们只有若干的障碍，我们仍然能找到办法越过它们，别人也能找到进入的路。然而，每当我们说："我不想处理它"，我们不去感受，也不去面对并治愈它时，这些冰块就会成倍增加。

　　我们所做的任何能"冻结"我们的感情，让内心变得麻木的事情也会给这些冰墙增加高度：毒品、酒精、过劳、暴饮暴食等。这些可以暂时平息我们的不适和不快，但它们最终也使我们与生命力分离，而我们需要生命力来进行疗愈，需要生命力去爱。

关掉爱之水流永远不能保护你免受伤害。

冻结爱之水流永远不会使你远离痛苦。

相反，这会在你和你渴望的爱、亲密关系和真正的联系之间构筑一道麻木的冰墙。

最终，我们会发现自己被冰封的模式和情绪的堡垒所包围，并深陷其中。我们想要自由地去爱，过着十分幸福和快乐的生活，但是我们被卡住了。我们的防御变成了我们的监狱。

你记不记得，曾几何时，当你试图去接近某人，但是觉得不管你做什么，你总不能如愿？你似乎在不断地将自己投向不可穿越的高墙，徒劳无功——你还是老样子。这就是对方为保护自己构筑的冰墙。

或许你读到这些描述的时候，你感到懊悔，因为别人对我们也是这样的感受。如果我们将你的心灵比喻成爱的水池，想象一下，如果这个水池的大部分都"结冰"了，将会发生什么？它变得像石头一样坚固。想象一下，如果爱你的人想跳进这个水池，会发生什么。他们会伤害到自己。

冻结是生命的敌人，

也是爱的敌人。

它让爱的水流停止流动，使之成为冰川。

我们如何逃脱自己心灵构建的冰牢？

冰需要一块块地除掉，情绪、伤痛和真理上的冰也需要一块块地除掉。

我们需要作出除冰的选择。

大消融：给心除冰

如果你住的地方冬天下雪、结冰，你就知道当天气回暖的时候，水就开始流淌，流水消蚀了冰，冰开始消融。取而代之的是冰雪消融之后的流水潺潺。

我们通过这样的方式慢慢地除冰。每当我们作出选择时，爱的"温度"就会帮助我们解冻陈旧的模式和麻木不仁。当爱试图进入并通过我们，我们学习以全新、觉醒的方式与自己和他人相处，最重要的是，与爱本身的能量相联系。

我们心灵周围的冰墙开始一层层融化，直到它们变成雪泥，然后消失。**过去为了维持冰冻的盔甲完整无缺所需要的力量，现在都能为我们所利用，内心所有冰封的爱都可以自由流动。**

你是否在参加婚礼、成年礼或者在游艇上看到那种提供丰盛食物的自助餐？如果你有过这样的经历，你就会看到很多用冰块雕出的各种具有异国情调的装饰：天鹅、鱼、鸳鸯、金字塔、足球、独角兽——不一而足。开始的时候，这些冰雕令人印象深刻，但是过了几个小时，到了晚上，冰雕的表层就开始融化，艺术家塑造的有棱有角的形状开始消失，那只原本威武的雄鹰看起来就像一只昏昏欲睡的小鸡，最后变成了一个无法识别的圆球。

当 H_2O 被冻起来时，水分子移动得非常缓慢，最后黏结在一起形成了冰。当黏结在一起的水分子接收到热量——例如这个屋子空气升温了——水分子迅速地运动，不再黏结在一起。我们所看到的融化现象实际上是水分子越来越快地离开彼此而运动，使水不断地改变形状和方向。在宴会的桌子上形成的一滩水其实是水分子，它们从冰冻的状态解脱出来，自由移动。

当你开始"从情绪上解冻"的时候，所发生的一切正是如此。你的固有模式所形成的坚硬外表开始慢慢地融化。你的自我保护习惯所具有的坚硬棱角开始变得模糊。你对自己和自己的生活所持有的尖锐评价和狭隘信念开始软化。你对爱的"热量"敞开得越多，获得的转变也就越大。就像那些融化的冰雕一样，你的固有模式很快也变得不可辨识——然后它们就消失不见了。

爱的选择就是选择大消融。它是选择去给你心灵里那些变得僵硬、冰冻的地方除冰。这种大消融让你体验到大爱！

当我向我的学生解释这个被称之为"大消融"的原理时，他们总是感到如释重负。作为真诚的探索者，当我们加速成长的时候，我们总是要经历改变和重组的过程——消融——我们无法确定将要发生什么，或者像我所说的："我们还无法认识到新的图景。"上个月，有一位女士听到我解释此过程的机制，她分享了自己的经历，我要在这里再分享给大家。

"我获得了一个大启示。"她说，**"我并不是土崩瓦解——我只是在解冻！"**

情绪游泳课程：思维和感受的区别

我们对心灵的语言非常通达。我们只是不经常将它表达出来。

——芭芭拉·安吉丽思

去年，我的两个学生结婚了，并且生了一对漂亮的双胞胎，我成了两个孩子的教母。我与小阿伦和小索菲有着非常特别的连接，我最近拜访他们的时候，与他们度过了许多快乐的时光。他们刚刚六个月大，当然还不会讲话，但是我能感受到他们对我的爱。我们会静静地凝视彼此，我们之间的能量流动非常明显，这让我的心充满了快乐。

既然他俩无法用语言表达自己，我是如何体验到这两个特别的小灵魂对我的爱呢？**我能感觉到爱的波动从他们的心里传递到我的心里。他们不是在思考他们对我的感觉，他们直接感受。**

你们知道思考和感受的区别吗？你们可能认为自己知道这个区别，然而我们许多人花时间思考我们的情绪，从不让我们真正感受情绪。**对感受的思考是来自我们意识里的描述。它们是对情绪贴标签，但是其中没有能量波动的成分。**

你如何知道自己是在思考还是在感受呢？真正的情绪不会发生在你的大脑里。发生在大脑里的是对感受的思考。情绪是通过情绪体（能量体）来体验的。

思考和感受的区别就如同你坐在泳池边滔滔不绝地描述水的样貌和你真正跳进水里弄湿自己的身体之间的区别。

当某人真正体验到某种感受的时候，他们并不单纯是用文字进行描述。他们是在与某种能量特质进行共振。你们可以感受到他们真的是有所体验。这时候，是否让他们大声地表达出来，难道要紧吗？他们即使不告诉你，你难道就不能知道他们的感受吗？是的，你知道。就像我知道小阿伦和小索菲的感受一样。**你正体验到他们心灵的波动，而不是听到他们头脑里的话。**

你是一个平时头脑和逻辑都很好，但是在某些特定的情绪状态下，就会变得非常混乱和不平衡的人吗？**可能在你人生的大多数时间，你都认为你思维里进行分辨的感受就是你的感受。**所以你在突然体验到非常强的情绪时，就可能被击垮。那些真正的强大的波动因为没有经过分析并提炼成理智的信息，所以让你无法适应。在某种意义上，你对全剂量的真实感受有很低的容忍度——当然，这种真实的感受也包括爱。

想想过去，当有人向你讲述某个带有情绪的主题，但是你却无法感受到它们。"当然，我爱你。"他们说，或者"我也会想你。"但是从他们所讲的话里，你感受不到任何汁液，这些话听起来非常干瘪。**原因就是他们只是告诉你他们思维里的感受，并没有在当下真实地去感受。他们并不是在当下感受自己，所以你也感受不到他们。他们和自己的"情绪体"割裂，从他们的理智中向你汇报情绪。他们并不在爱中。他们只是在爱的观念之中。**

想象某人在悲剧现场站着进行报道。他们的内心正在体验着震惊和悲伤，即使他们不是专业人员，也能表达出他们的情绪。相反，如果他们只是汇报事实，就会不带任何感受。这就像我们习惯于在理智上去分辨情绪，而不是真正去体验它们。当我们表述感受遇到困难的时候，我们就会"报道"它们。我们告诉自己，我们正在交流，因为我们在分享内容，但是我们不允许自己去感受，所以我们就没有传递波动的实体。

这又如何影响我们的伴侣/朋友/子女/观众/听众呢？他们能听到我们讲话，他们能理解我们，但是他们无法感受到我们。

你只有完全地感受到自己，才能让别人完全感受到你。如果你只是从头脑里报道你的情绪，不在心里体验它们，人们会觉得："我听到你的声音，但是我感受不到你，因为你

自己都感受不到自己。"

爱的选择不是选择一些关于爱的思维、态度或者关于爱的新哲学。爱的选择是选择通过波动进入你自己无限的爱之体验，向你心中拥有的深奥、无限的宝藏敞开自己。

跟随你情绪波动的面包屑

最近加州的天气非常炎热，有一天早晨，我醒过来发现，一夜之间，许多蚂蚁快速地跑进来，成堆地待在我的厨房乘凉。我承认，虽然我尊重所有生命，不管它们是大还是小，但是当它们占据了我的房间时，我的确不开心，我也知道，如果它们发现了一个好的住处，它们会向它们成千上万的家属发送信息，然后就会通过各种缝隙大量地涌进来。

这也不是我第一次经历蚂蚁的入侵，所以我意识到处理眼前的这些蚂蚁没有一劳永逸的办法。它们是从某个巢穴过来的，我需要打电话给害虫处理公司，让他们找到问题的根源，否则，很快我就控制不了局面。

有时候，当我们心里生起强烈的情绪时，就如同某种"情绪的入侵"，我们的最初反应就如同发现蚂蚁的行迹一样——我们只是想处理掉它们。我确信如果某人发明出对抗情绪的喷雾剂，一定会大受欢迎。

以下是需要重点考虑的：你情绪上的不舒服并不是随意的。这是什么意思呢？你不是突然变得紧张，你也不是突然生气或者突然感到害怕。以上每一个情绪都有它的来处，不管你信不信，它们都有一个善良的动机（并不是想把你搞疯）。

你的情绪是你心灵传达出来的信息，希望你注意某件应该得到关注的事情。例如，如果你积累了很多过去未解决的愤怒，它最终会在你人格结构的裂缝里找到出口，看起来似乎是无中生有。为什么呢？因为它想得到解决，得到疗愈，得到转变，回到慈悲和爱的状态。

稍后我们将更详细地探讨"情绪编程"。这里重要的是作出爱的选择，不要阻止或者抑制你的感受，而是将注意力转向它们。我喜欢将感受比成一个载体，它试图在你的旅程中将你带到一条特别的路。如果你跟随它们，它们就将你带到某些重要的地方，获得某个启示，进行方向修正，或者作出某个重要决定。

你的情绪如同你心灵发出的短信，不要删除它们。我的经验是，一旦你注意到生起的感受，观察它们将要向你展示什么，这些强烈情绪的必要性就会消除。这些感受将会完成它们的工作，你很快就会注意到它们自动消失了，在它们原来的位置上留下深度的疗愈和理解。你在心里对这些情绪的残余物疗愈得越多，你在情绪上就变得越稳定。

感受并不需要被处理，而是需要被感受。情绪是波动的面包屑。跟随它们回归到本源，观察它们将要怎样帮助你进

行注意或者疗愈。而感受本身只是短信。不要消除它们——聆听它们。

有时候让追求"内在"的人来接受这样的指导是一种挑战，特别是如果他们对自身的人性层面感到排斥。他们会这样说："我感觉不到不舒服的感受。我只是祝福我所有的感受。例如，现在我很愤怒，但是我不会去想我为什么会愤怒。我只是去祝福我的愤怒。"我的回复是：这个愤怒、悲伤或忧愁是有原因的。它并不是需要我们为之祈祷的敌人——它是你的一部分，正在试图向你揭示什么。

你不要仅仅是祝福你的愤怒。你摊开，打开，拆包，拆线，直到它展示出让你学习到的东西。从所有不如意、不想要的情绪中生起的不适感就是需要被转变的能量。我们通过关注它们作出爱的选择。

这就是疗愈过程的工作原理：产生的必定会展现出来。

当我们想要阻止我们拥有的感受时，我们实际上正在中断我们自身的疗愈过程。这如同阻止正在分娩的女子，她正努力创造新的生命。你的情绪是运动的能量——它们在运行、流动，最终将你带到内心的某个地方，你需要在那里去体验你自己的自由和真正的满足感。

如果你正读到这里，那么你比这个星球上的大多数人具有更多的觉悟。作为一个具有更多觉悟的人，你的工作不是去给自己的感受设限，而是去疗愈与你心灵的关系，这样你就能获得更加强大和更深刻的感受。

作为一个具有更多觉悟的人，我们有义务保持自己的纯净。纯净并不是说你没有问题，没有挑战和担忧。纯净并不是说你不需要与不好的情绪对抗。纯净并不是说你理解并喜欢自己经历的一切事，也不是要理解并喜欢自己内心的一切事。保持你自己的纯净意味着在所有情况下，你不掉线，不封闭。

你需要鼓起勇气转向你的心灵，不要逃离你的心灵。你需要下定决心不要采取任何形式构筑高墙、封闭或者冻结自己。

成为爱的完美容器

> 我的心是我的金罐，我整天用它侍奉我的造物主。
>
> ——《逾越节哈加达》

许多年前，我读到一个以印度为背景的寓言。受到它的启发，我给大家写了一个关于心灵的故事，名叫："纯净之心与谦卑的容器"。

在古代，人们听说诸神发现了"不死药"，它具有神奇的力量，能够让人受到祝福，并长生不死。地球上的人知道了关于这个神奇"不死药"的传说，大家非常欢欣鼓舞，他们想，只要有一滴这样的神药，就可以让他们永生并快乐。但是，他们不过只是凡夫，不能够享受到这种神圣的饮品。

　　有一天，诸神做了一个让人震撼的声明：七个月后，他们要给人类发送一个大福利，将这种"不死药"带到人间，这样人类就可以喝到它。诸神只有一个要求：每一个人需要带一个容器，以便承接神药。如果谁的容器能够成功地接收到药水，他就能喝到"不死药"，并获得永生。

　　当时有一位伟大的国王，触目所及的土地都归他所有，土地上有许多金山银山。

　　这位国王拥有人人羡慕的财富，但是他还缺一样东西——他渴望觉悟和永生。虽然国王很仁慈，但是他非常骄傲，对于诸神拥有的东西他却没有这件事，他生气了。"大家看看我是多么无所不能！"他吹嘘道，"为什么神不觉得我有资格分享他们的不死神药，让我成为他们中的一员呢？"

　　所以，当国王听说诸神会在某日降临地球，分发不死之药，他非常高兴，趾高气扬地说："我终于要永生不死了。诸神肯定听到了我对他们的不满，他们是为我而来。"

　　国王命令他的仆人建造最大、最华丽的瓮，用作承接神药的容器。国王在朝廷上传达旨意："我不在乎将国库耗尽，也不在乎人民的死活。要不惜一切代价！"他在遥远的矿山提炼出最坚固的钢铁，工人夜以继日地辛苦工作，建造这个大瓮。瓮建好了之后，他在上面镀了 3 英寸厚的黄金。他从宝库拿出最稀有、珍贵的珠宝来装饰整个瓮——亮闪闪的葡萄状钻石、红宝石和绿宝石。

实际上，国王的臣民在寒冬季节食不果腹，国王为了筹集建设宝瓮的费用，将能卖的都卖了，他自己却浑然不觉。他整天忙于监督制造这个壮美的容器。

制造完成的瓮真是非常壮观。**"我确信诸神一定会对此留下深刻的印象！"他对他的大臣说，"这个世界上没有人像我这样伟大，他们当然也无法建造这样壮美的容器。只有我的容器才配得上接收不死神药。我最终将获得胜利。"**

在一个遥远、贫穷、凋敝的无名村落，住着一位虔诚的人，他是当地神庙的看门人。他也听说过"不死药"，也知道诸神宣称要降临人间，将"不死药"赐给人类。这个守庙人非常虔诚、谦逊，终其一生都在祈祷，希望得以看到神。所以，他觉得诸神下凡，是为了满足他的愿望。"我一无所有，我知道我也没机会建造一个体面的容器，"他悲伤地说，"但是，我至少也要尽我所能，表达对这个吉祥、神圣日子的敬意。"

这位虔诚的人原来就整天花时间维护神庙，所以现在他起得更早，每天早晨3点就起床，利用闲暇时间打造他的瓮。他没有钱去买材料，就从森林里收集了树叶和花朵，捣碎之后拌上泥巴制成泥团。他在纸片上写上祷告词，贴在泥团上，制成了他的容器。他从金匠的地板上清扫出来11块细小的金片，这些都是金匠当垃圾扔掉的。他将金片恭敬地装饰在瓮的表面。他一边制作他的瓮，一边唱诵神圣的真言，歌颂神的伟大。

　　最后，这位虔诚的人完成了他的工作，他看着完工的作品，心情很沉重：他的瓮奇形怪状、歪歪扭扭，一点也不漂亮。实际上，他的瓮就像是从垃圾堆捡回来的。但是，他还是决定参加这场盛会，只为了看一眼他仰慕已久的诸神。

　　诸神降临的那一天终于来临。国王提前一个星期前往指定地点，确保自己排在前面，随行的有 1000 名士兵和使臣。人们从四面八方会聚在一起。大多数人都没有准备容器去接收"不死药"，他们胆子太小，只是想见证一下奇迹。

　　突然一道闪光，诸神现身了。天神的光芒耀眼夺目，人们惊恐地俯身跪拜。诸神擎着一只巨大而奇特的荷花，所有的人都知道荷花的花瓣里就是闻名遐迩的"不死药"。

　　第一位走近诸神的是一名武士，他以能征善战享誉全国。他跨上他的千里马，示意他的侍卫兵带上他的容器——一个装有轮子的石桶，奇大无比，需要一百匹马才能拉动。大家都满怀期待屏息凝视，一位天神走上前来，将一小滴神药水倒进了大石桶里。石桶传出巨大的隆隆声，然后裂成了一千块，巨大的石头碎片滚落得到处都是，人们四散逃命。

　　人群都在惊叹，一小滴药水如何能摧毁这么大的石桶？

　　接着一名以冷静、聪明著称的公主走上前。她砍伐了整片圣地的珍稀树木，从每一棵树木的中心选取最坚硬的木材，用这些坚固的木材制成了一个特殊的容器，用她精心饲养的皇家蜜蜂生产的蜂蜜将它黏合起来。其中一位天神走出来，把一滴药水滴进了木容器的中心。容器立刻燃烧起来，随后化为灰烬，傲慢和受辱的公主哭成了泪人。

现在轮到国王了。目睹前两个皇室成员没有获得不死之药，他并不担心。他确信，自己那名贵的容器会让众神眼花缭乱，并能经受所发生的一切魔法。他示意挑夫把那挂满珠宝的瓮抬上来，金器闪闪发亮，人们不得不捂住双眼。所有人都惊叹于他们生平所见过的最壮丽的景象，国王听到了欢呼声。

"欢迎你们，伟大的诸神！"国王喊道，让所有人都能听到，"我为你们制造了一个最华丽的容器，我用了三百层坚不可摧的铁，然后用纯金包裹起来，里外都覆盖着成千上万颗无价之宝。我将用它来承接不死之药。"

一位天神倾倒荷花，让一小滴神药落入珠宝容器中。一时间，什么也没发生。接着，一股黑色毒气形成云朵，开始从瓮里冒了出来，几秒钟之后，不死之药如同强酸一般溶解了国王的容器、珠宝以及其他的一切，最后什么都没有，只剩下嘶嘶作响的黑色灰尘。

国王惊讶不已，踉跄着退了回去。怎么会这样呢？国王把整个王国里所有的财富都用来建造这个容器。一滴不死之药怎么就让它消失了呢？

人们惊呆了。没有人再愿意站出来奉上他们的容器，因为他们担心这一切都是超自然力量的作用，或者担心诸神降临只是为了耍弄他们。

在人群后面，有个人开始走向诸神。每个人都想看清楚他是谁，他拿的是什么容器。"他是谁？"有人喊道。"他并不是谁。"另一个回答说，"只是从我们那里某个穷村庄来的低贱守庙人。瞧，他甚至连一件像样的衣服都没有。他的容器也很丑！"人们看到这个可怜的、无知的傻瓜带着他那粗糙、鄙陋的容器接近诸神，都笑了起来。

守庙人怀着极大的虔诚之心，颤抖着，谦卑地跪在诸神面前，他的脸上流下了眼泪。"伟大的神灵啊，我配不上获得不死神药，我这个粗鄙的容器甚至不配献给你们。但是，我仍然怀着恭敬之心来到你们面前。"他颤抖着举起他那只看起来很奇怪的小碗。

就像对其他人所做的一样，一位天神把荷花倾斜，将药水倒在碗里，所有人都默默地看着一滴晶莹的神药滴落进碗里。过了一会儿，天神又倒了一滴，然后又倒了一滴，直到这个人的容器里装满了神药。真是个奇迹！他那小小的、鄙陋的容器经受住了考验，他得到了神圣的礼物！所有人都感到震惊、困惑，他们突然大声叫喊起来。

这时，一位威光赫奕的天神走上前来讲话：

"安静！以下是我们给各位传达的信息：**所有其他容器都不能承接这种伟大的不死神药，因为它们不纯净。容器的强度不是由其材料、外观或制作费用决定的，而是由制作者**

的内心决定的。

"很明显，这个守庙人心中具有爱。爱使他的心纯洁。只有爱才能使心灵变得足够纯洁和强大，得以真正珍惜和保有任何东西，甚至可以保有觉悟和不死神药。"

天神转向守庙人："从现在开始，你将被称为达什瓦纳，意思是'纯净的心'。你将永远生活在祝福之中。"

当这个故事在我的意识中展开的时候，我真的很喜欢琢磨它，把它作为关于爱的力量的重要教导。当然，容器是我们心灵的隐喻，而神药代表心灵的能量、智慧和爱，而爱是万物之源。

就像故事中的人物一样，我们都想完全获得那种强大的生命力能量。为什么我们不能更多地体验到它呢？**问题不在于我们无法获得它。这不是供应问题——这是容器的问题！**

当我们的心灵不纯洁，被原有的情感碎片和未经疗愈的能量所充斥时，它就会变得像筛子，无论我们得到多少爱，无论我们有多少智慧，无论我们拥有什么东西，我们都不能持有它。

爱渴望在你的心里生起，在你的体内流动。你的工作是成为一个卓越的容器，可以接收、保有，并尽可能多地传递宇宙能量。

我们怎么做到这一点？**我们解冻冰封的痛苦；我们拆除**

自建的高墙；我们净化所有不是最高波动的能量。然后，我们将能够完全接受和持有爱和心灵的能量，并允许它在不受干扰的情况下流过我们。这样，我们就成为一个能行走、会呼吸，又能传递爱的系统！

想象一下，如果守庙人的容器在底部有一个洞。即使它承接到神药，神药也会滴落到地上，白白浪费掉。当我们接收到爱、机会或内在的智慧时，我们经常会遇到这种情况。如果我们的容器年久失修或开裂，它就像一个筛子。无论我们接受到多么宝贵的东西，我们都不能持有它。

转变的旅程实际上就是去修复你的容器，这样一切希望倾注给你的东西都能如愿，并经由你传递出去，不会在传递到世界的旅途中丢失，一滴爱都不会被浪费。

请成为一个完美的容器，等着传递给你，并经由你传递的东西比你能想象的更多。

从"小我"到"大我"：介绍爱的能量场

当我们试图单独挑选出某种东西时，就会发现它被千百条无形的绳索和宇宙中的万物相连，无法割裂。

——约翰·米尔

你所做的爱的选择和疗愈自己心灵的承诺将对这个星球产生难以估量的影响。因为我们所有人都处在一种深刻、神秘、亲密的关系中。我们是无限生命能量旋涡的一部分，因此，我们在生命中的每一刻都是通过波动连接在一起的。

你可能会惊讶地发现，你每天实际上都在用你的心改变着这个世界。**你的心是一个强大的电磁场**。尽管我们通常认为大脑／意识可能会辐射出电磁波，但与心脏产生的巨大力量相比，来自大脑的能量是微不足道的。心脏的电磁场实际上比大脑的电磁场强度大 5000 倍，振幅几乎也比大脑的电磁场大 60 倍。

心脏的电磁能量不仅影响身体中包括脑细胞在内的每一个细胞，而且它也能扩散到周围的空间。科学家们估计，从心脏辐射出来的实际电磁能量会对你周围 8~10 英尺范围内的所有事物和人产生影响，超越这个范围之外的影响就比较微弱。

心脏的搏动会发出电磁信号，这些信号总是以深刻的方式与周围每个人交流并影响他们的能量。同时，你会从别人的心里接收到能量的电磁波。我们接受这些能量波，并将之与我们所体验到的情绪联系起来：

你的爱人走进房间，你"感觉"到你敞开了自己，并体验到快乐。

你讨厌的人进来，你就会"感觉"到紧张和激动。

你走进办公室，能立刻"感觉"到办公室具有"良好的氛围"。

你参加某个会议，能立即"感觉"到受到威胁，并处于戒备状态。

你的伴侣看起来很平静，并说一切都好，但是你能感觉到他／她生气了。

这些波动反应与你的思维无关——它们是你心脏区域真实发生的电磁变化。你的心脏实际上是在解读电磁信息，然后将解读出的信息通知你。

我们所有人的心脏都有自己的电磁场，当有人通过释放能量波来影响你的时候，你的心会将之登记为某种情绪——你就有所"感觉"。

这种感觉并不仅仅存在于你的头脑中。这是在你心脏的能量场中实际发生的波动体验。来自他人波动海洋的浪花在你的波动海洋中制造了一个浪花。

如果你自己的心灵之波是和谐、连贯的，它们就会向周围散发出和谐与连贯的波动。当你把自己的波动磁场重新校准到爱的能量时，你周围的所有生命形态都会通过电磁形式来体验这些波动，并由此发生真正的转变。它们会自发地以相同的爱的更高频率波动。

就像天线接收信号并进行记录一样，你心脏的能量场接收从周围心脏发出的电磁能量场，而别人的能量场则接收你的电磁信息。你的心总是与所有的心在沟通。

这样的理解将改变人的生命：我们实际上一直在影响着

他人心灵的波动图像。我们发出祥和的能量，也发出不和谐的能量；发出评判的能量，也发出慈悲的能量。无论我们的心灵体验到什么，都不可避免地影响和改变着周围其他人心灵的频率。

请记住：我们并不是有意识地选择发出电磁波，让它们冲刷别人的心灵海岸。它是自发的，因为我们所有人都生活在无限波动的旋涡中。

爱的选择就是创造一个强大的、令人振奋的、能够觉醒他人的电磁波，作用于周围的世界。

从"大我"出发，爱永远是正确的选择

提问：我们应该怎样对待他人？

拉玛那·马哈希：没有他人。

当我们在情感和灵性上获得成长和进化时，我们必须开始从"小我"意识转变到"大我"意识。"大我"意识远远超越关爱他人、关心世界的动机。"大我"意识认为你影响每一个人，影响每一件事，同时，它们也会影响到你。

1950 年 2 月 12 日，伟大的物理学家阿尔伯特·爱因斯坦提出了广义相对论，他在一封私人信件中谈到作为人类，"大我"是不可避免的：

"人类是我们称之为'宇宙'的这个整体的一部分，是时间和空间上有限的一部分。人体验自身，体验自己的思想

和感受，并将这些与其他事物分离——这是由他的意识所造成的错觉。

"真正的文化要解决的问题就是努力从这种错觉中解放出来。我们不要去滋养这种错觉，而是努力去克服它，这是获得心灵平静的可行途径。"

"大我"意识不是一种心灵态度，也不是有意识地选择去感受整体的一部分。"大我"意识意味着承认"大我"的真实性，理解你已经不可避免地成为伟大的"大我"的一部分，"大我"是这个星球上的"大我"；人性的"大我"；爱的"大我"。没有他人。

"大我"意识被称为觉悟，它是觉醒的意识。这是万物的本来面目。

"小我"意识就像爱因斯坦所说的那样，被称为错觉：它要求你在某种真空中运作，你内心所发生的一切并不以非常具体的方式影响所有人。

我们狭隘的自我试图说服我们，它有能力去选择是否要与我们内在的体验进行沟通。我想让你知道我的感受吗？我应该压抑自己的感情吗？我要承认我对你很生气吗？即使我很在乎，我应该告诉你我不在乎吗？即使我真的很生气，我还应该微笑并表现得友善吗？如果我善于掩盖真相，我可以隐瞒真相吗？

就我们目前所知的波动相互连接的事实，你能看出这些情绪决策大多数是多么荒谬吗？这些是不相关的选择，是假想出来的问题。**在现实世界里，我们可能会作出这样的选择，也可能不会，但是无论我们是否有意识地决定去沟通，我们感觉到的东西都将通过波动进行传递**。这如同一个小孩子在玩躲猫猫的游戏，他捂住自己的眼睛，说："你现在看不到我！"

爱的选择就是选择承认实际发生的事情：**你无法选择不去影响别人，也无法选择不被别人影响**，事实就是如此。有人相信不需要实现自己的最高存在（至少是最佳能力），可以任意去行动，或者相信只要没有人知晓，就可以有意地沉迷于非爱的情绪或者行为中，这种信念忽略了"小我"总是影响到"大我"的现实。

想象你自己站在海滩上，双脚浸泡在海里。你身边翻腾的海浪是由千里之外的海水运动产生的。你永远看不到遥远海岸的浪花，也体验不到扰动海水的风暴。但是，在世界另一边的作用力造成海水运动，并作用于你的身体，你却能感受到。

我们每个人都是这深不可测的意识之洋——广阔的波动之洋中的一个海浪。但是，无法否认的是，我们是一体的。因此，从定义上说，除了爱的最高选择外，作出其他任何选择就是自我毁灭。它不仅伤害别人，也伤害到我们自己。

爱的选择就是选择认可我们所共享的，超越规则、伦理

和道德的波动关系。这种选择使我们具有一种新型的个人和社会责任，这种责任不是建立在义务、羞愧或者政治正确上，而是来源于爱。

现在，我们更加清楚地了解到，为什么疗愈心灵的工作是如此重要，因为它可以解冻冰封的情绪，让这些情绪不再阻止我们彻底感知并清除原有的旧模式，让这些旧模式不再干扰我们爱、连接和保持自身情绪洁净的能力。**你做这些并非只是为你自己，你是为全世界而做。**

爱带来光明。带来恩典。打开通往永恒自由的大门。不要抗拒爱。不要逃离爱。不要调控爱。不要假装爱尚未来到，或者假装你将错过这份礼物。觉知爱。转向爱。欢迎爱。接受爱。向爱敞开自己。臣服于爱。祝福爱。

更多地去爱！更多地去爱！更多地去爱！

消融并回归到爱的海洋中去

> 揭开蒙蔽心灵的面纱，在那里你就会找到梦寐以求的东西。
>
> ——迦比尔

重新校准我们心灵电磁场的最有效方法就是软化我们的界限、高墙和障碍。**软化是一种波动重新校准练习，它让我们内在的任性和不必要的界限消融，教导我们如何具有更加开放、灵活的能量空间。它清除被过去的情绪封锁的坚硬障**

碍，让它们与我们当下的意识产生互动，从而进行疗愈。它支持我们去体验"大我"意识。

软化会立刻产生开阔的感觉。想象一条长方形的黄油硬棍。当你软化它的时候，它就会立刻变大，因为它所占据的空间变大了。所以，你的软化立刻加深、加宽了心中爱的水池。

软化和虚弱是不同的。我们稍后会看到，许多人将软化和虚弱的情绪、缺少力量、危险或被人占便宜相联系。软化的能力实际与虚弱截然相反——**它让我们具有重塑自身的力量。当事物得到了软化，它们就可以被改变。它们可以从一个形状变成另外一个形状。**

当你将泥土变软的时候，你就能将它塑造成某个东西。当你将金属变软的时候，你就能制造工具。卵子需要变软并打开，才可以接受精子，从而创造生命。所有生命的诞生和变化都需要发生软化的过程。

这是一个重要的反思：观察你的生活，看看哪里需要进行软化。是需要将态度软化吗？是需要将习惯软化吗？是需要将过错或者评断、负罪感或悲伤软化吗？

当你感到被卡住、沮丧、不自在的时候，试着问自己："**现在，我需要软化哪里呢？**"

爱的选择练习：让心柔软

这是一个简单而强大的波动疗愈练习。在这些篇章里，我将向你提供许多其他爱的选择的练习和禅修。设计这个练习是为了帮助你学习如何从内而外地转化你的能量，并为你的心灵创造更多开阔的感觉。这种开阔感将以强大、振奋的波动形式向世界散发出去。

心灵软化练习所采用的语言要求你的能量进行重新校准，从僵硬、黏着、反抗的形式转变为消融、流动、柔软的形式。你要求那些不再为你服务的地方消融掉。

不管你对自己还是别人感到沮丧、激动、失望、吹毛求疵，还是感到愤怒，这都是一种有用、高效的练习。你也可以经常用这个方法来打破那些阻碍你自身进步的情绪墙，并舒缓你的麻木感，因为这种麻木感让你无法在爱的能量场中享受游泳之乐。

～爱的选择～
让心柔软的练习

当你独自做这个练习的时候，你可能希望闭上双眼。现在，你开始接受导引，让你的能量稍微安顿下来。请做几次深呼吸。放缓你的呼吸，深深地吸气，充分地呼气……让你的双肩放松……让你身体里紧张的部分放松。

让你的觉知扩展，并向各个方向延伸，直到身外几英尺。就这样轻松安坐，不要试图做任何事情，感受你的全身及周围的空间。

现在，你生起一个细微的念头来软化你的能量，在你的意识里温和、平静地说出这句话：

"愿我变得柔软。"

让这些话漂浮在你的觉知里。不要机械地重复它。不要尝试去理解它的意义，也不要思维它。只是让它安住在那里。如果你愿意，你也可以将一只手放在心脏的位置。

想象你内心任何一个坚硬的地方正在融化。你可能会想加上一些词语，表明你希望疗愈的问题。例如：

愿我软化自己的抵抗。

愿我软化自己的困惑。

愿我软化自己的倔强。

愿我软化自己的骄傲。

愿我软化自己的过失。

愿我软化自己的愤怒。

愿我软化自我否认。

愿我软化自己的悲伤。

愿我软化自己的内疚。

愿我软化自己的恐惧。

想象让一切事物都变柔软。你的心变得柔软，你的思想变得柔软。那些让你不安的东西正在融化、软化。

当你表达出这些之后，或者即使你还没表达出来，你提出一个大致的意图：

"愿一切需要软化的东西都开始融化。"

向你生命中那些需要软化的事物发出邀请，让它们软化吧。请感觉你的内心深处，你正在软化。注意到当你软化的时候，你开始感觉到更开放、更平和。

你也可以这样想：

"愿我心中所有冰冻的地方都开始融化。"

感受到在你内心最深层的地方，一切堵塞的地方都开始融化。

当一切都准备好了，带着爱将这些语言应用到你的意识里：

"我变得柔和。"

"我在融化。"

请坐下，用片刻的时间与这种心念的波动相伴。当你心里想着："我在软化；我在融化。"请感受你身体的棱角正在融化到周围的空气中去。请感受觉知在融化，上升到头顶上去。想象你心里冰封的能量或坚硬之处在融化。想象在你胸膛之中，爱的瀑布飞流而下。

只要你愿意，一直漂浮在那个开阔、愉悦的能量里。

现在，你随时可以结束这个练习，如果你的眼睛是闭着的，你就可以睁开眼睛。你会立刻注意到你感觉多么开放、平静和柔和。

愿你心中所有冰封的地方都能够软化并且消融，这样，爱就能充分地生起并自由地流向你自己、他人和世界。愿你爱的水池不断变大，最后成为欢乐幸福的无限海洋。

3 解开你的心弦，开启你神圣的电路

> 如果你的供应源——内在的和世俗的——是无限的心灵，你的供应就是无限、永不枯竭的。它永远不会失败。
>
> ——亨利·汉布林

我们的宇宙中存在着至高的力量本源，它操纵我们的宇宙，并让宇宙中的万事万物存在。**这种终极的原初能量和爱是我们的真正能量**。造物主巧妙地设计出人类，让人类具有惊人的能力，并可以通过爱、智慧、和平的形式体验这种终极能量。**本质上，我们的心识就像一座房屋或建筑，已经为承受最大的电压"预先布线"**。我们可以称这种心识的核心所处的位置为内在或形而上学的心灵。

具有讽刺意味的是，我们试图通过有所作为、收集信息、控制事物、使人钦佩、寻求认可等方式变得强大。**事实上，我们内心无限的本源和力量给我们带来的东西，远远超过我们从外部获得甚至是体验到的**。我们不需要向外寻求任何东西。我们已经有了一张 VIP 通行卡！

想象一下，有人送给你一盏漂亮的灯，它和你见过的任何灯都不同，赠送者告诉你这盏灯很贵重。灯罩是在巴黎缝制，采用上好的绸缎。灯座的材料是水晶和珠宝。灯泡是最新的发明，旨在发射出最迷人、最具疗愈能力的光。你将这盏神奇的灯放在客厅的桌子上，但是它似乎并没有发挥出它的功能。"我的灯一定是坏了。"你哀叹道，"它不发光，可能是一盏有瑕疵的灯。"

你怎样才能让那盏灯工作？ 你得插上电源，将灯和电源正确地连接上，否则不管它如何精致都没有用。

同样地，我们每个人就像一盏灯—— 一个独立、独特的载体，通过这个载体我们可以展现出终极的能量源。就像电灯、任何设备或机器，它们都被安装了电路，允许电流通过，这样它们才能工作，我们也是被这样设计的，具有一个精巧的波动电路系统，爱和生命力通过这个电路流动。

你被预先布好线，成为一个卓越、强大的发光器。然而，要想成为内在能量、智慧和爱的良好导体，你需要恢复它的全部潜能。

我的一个朋友喜欢购买、翻修旧的乡村住宅。他所遇到的最常见的一个问题就是电线老旧的房子不能充分、安全地提供电力。电灯闪烁，保险丝爆裂，线路接触不良，插线板发热，这样就无法提供稳定可靠的电力。

这些住宅并不缺少电力供应。然而，线路并不能支持强大的用电量—— 一些电器不能同时运行；灯泡不能完全发挥自己的功率。我的朋友重新布了线，电器就立刻能发挥作用。他的房子现在灯火辉煌，具有现代气息。

就像这些老房子一样，你并不缺少能量。然而，根据你所具有的"情绪和心理线路"，你相应地具有运行这种力量的某种能力。如果你的电路出了问题，你将不能体验并发挥你的全部潜力。你被"点亮"后，会丧失本有的亮度，显得非常朦胧，你体验到的爱、力量、智慧和激情就会更少。

你能处理多大的情绪和灵性电压？

宇宙由基本的力或场构成，它们类似于无形的神经系统，在整个空间延伸，并不断波动，以每秒钟数万亿次的速度生起、变化。

——约瑟夫·瑞恩

描述这种宇宙能量的一个方法就是使用电压这个术语。这是通过另外一种方式表达原初能量、生命力、爱、光、虔诚、太初之母——无上者。我在这里给大家提一个问题：

"如果存在着这种巨大的能量流，为什么我不能充分获得它，是什么阻碍了我与它的连接呢？"

正是因为这个问题，许多年前，我就开始寻找老师，追求智慧和觉醒。我知道在某个地方有一个"大插座"，我非常想与之相连。不知怎的，我明白，如果我想实现服务世界的梦想，我需要插上电源，保持接通的状态，为处理最大的"电压"增强自己的能力。

我们大多数人都渴望得到更多："我要更多的爱。我要更多的创造力。我要变得更丰盈。我要更多地与内在连接。"但是，请记住，万事万物都只是在特定频率下波动的能量。所以，我们看到，要求更多就是要求更大的强度，我们现在可以将强度理解成电压。

当你要求更多的能量流进你的身体，并在你的体内运行时，本质上你是在要求更大的电压。

当你在生活中要求更多的爱和亲密关系时，你是在要求更大的电压。

当你要求更多的创造力和洞察力时，你是在要求更大的电压。

当你寻求崇高的心灵体验和启示时，你是在要求更大的电压。

即使你发挥出全部能力，也布好了线路，打算去接受最大的宇宙能量、力量、智慧、创造力和爱，你现有的电路也可能无法工作，因此，你处理最大电压的能力是有限的。根据你的电路畅通程度，你能够处理特定强度的能量。之前，我把这个原则描述为你和爱的强度之间的关系。现在我们更进一步了解到，我们所谓的情绪强度，实际上是心灵体验到的"波动电压"。

你有什么能力处理这种增强的能量或电压？如果你不能处理太大的电压，会发生什么？

1969 年，我 18 岁的时候，在法国格勒诺布尔作为交换生度过了一个夏天。这是我第一次单独出国旅行，所以我尽最大的努力做准备。那时我对出国旅行所知不多，我最关心的一件事情就是出国后如何将我的长发吹干。我的朋友借给我一个吹风机的转接头，她说她在国外旅行时使用过，让我放心，不会出任何问题。

在寄宿家庭的第一个早晨，我冲了个淋浴，然后将转接头插在墙上的插座里，再把吹风机插上。我刚打开吹风机，就注意到它的声音比平时大了两倍，机身似乎越来越热，但是我并没有管它—— 一分钟后，吹风机散发出烧焦的味道，我听到"砰"的一声！吹风机停止工作了，公寓里的电都停了，我听到餐厅里传来愤怒的法语咒骂声，给我提供寄宿的那家人当时正在吃早餐。

我感到很羞愧。我到底做了什么？稍作研究，我惊愕地发现，朋友送给我的转接头虽然可以插在法国的插孔里，但是没有变压功能，我还需要把 220 伏的电压转换成可使用的 110 伏电压。两倍的电压流进我的吹风机，把它给烧焦了，而且让整个公寓跳闸了。

我用学了八年的法语不断向他们表达深深的歉意，当天晚些时候，我买了一个法国吹风机。当然，我在这里不是想讲十几岁女孩的倒霉的逸事，而是想分享有关电力和电压的教训。

电压是一种特定能量的流动，所有的能量都在既定路径中运动并相互作用。当**过高的电压流进机器或设备并遇到电阻时，会在电线和电路上产生额外的"压力"，而摩擦会产生热量，从而引起火灾或爆炸**。为了防止热量对电器、住宅或建筑物造成损害，人们安装了断路保护系统。如果断路器检测到过高的电流强度，就会中断与电源的连接，以避免发生火灾的危险。

希望你们已经明白这个比喻的含义：

能量的表现形式有爱的电压、智慧电压、创造力电压和其他丰富的电压，当我们与生俱来的电路系统不能充分运作时，它就不能处理试图流进我们的能量。这样，我们的系统就会过载，我们的波动就会短路。

如何判断你是否波动短路

你以前可能从未意识到你有一个波动断路器，但现在你知道了。就像电器里的断路器一样，在你家里或公寓里，或是在城市的电网里，当它检测到过多的电力进入系统时，就会跳闸。所以当你的波动断路器检测到你正经历一个超负荷的电压或能量——比你习惯的正负波动强度都要大，它就会被激活。

你怎么知道自己短路了？

你关闭自我	你变得恼怒，并且不耐烦
你崩溃了	你漠视责任和义务
你变得麻木	你总是走神
你变得迷迷糊糊	你孤立自己，渴望空间
你感到精疲力尽	你感到焦虑不安

你渴望食物、酒精和让你的意识钝化的东西

到底发生了什么？**这些行为或内在选择是你对能量过载的无意识反应，你想通过"中断"与能量的连接让自己变得舒服一点。**

以下是一些非常常见的例子：

*使你的亲密关系短路：你正处于一段新的亲密关系中，你和伴侣变得更亲近、更亲密。如果你没有足够的能力去处理爱的高压，那么这种亲密关系就会让你感到非常不舒服，就像我们之前讨论过的。你会发现你自己正在逃离，关闭自己，对对方更加挑剔。这些并不是你的真实感觉，而是行为断路器——你正在无意识地试图减少和调控流进来的爱／能量／生命力。

*职业生涯的短路：你的事业最近开始腾飞，生活中涌入各种形式的能量，名气、金钱、尊重、责任和压力不断增加。所有这些都是你努力工作的目的，也是你梦想得到的东西。如果你没有足够的能力来处理成功带来的高压能量，你可能会发现自己被淹没，变得惊慌失措，实际上，你会做一些事情来毁灭你自己。

我们经常在新闻中看到这样的故事。有人一夜暴富、一举成名，但很快就会成为瘾君子并自我毁灭。某个运动员取得了巨大的成功和声誉，突然开始表现不好，破坏自己的声誉。某人通过彩票赢得几百万美元的奖金，但在几年之内，他就失去了一切，并毁了自己的生活。当我们看到这样的事情时，心里会想："怎么会这样？这无法理喻。我会维护我的名声/成功/金钱！我不会把所有事情都搞砸的。"

专家们通常的解释是，在自我价值上具有很大问题的人，无法处理他们遇到的所有好事情。尽管专家的某些解释可能是对的，但我依然认为这是电路问题——**大量提高流入个人系统的电压，就会发生爆炸，在此过程中，他们的健康、声誉或生命会遭到损坏**。这些人一开始所具有的处理爱或强大能量的能力就很弱，受到阻碍，所以冲击就显得太大——即使都是好的体验——他们也不堪重负。这就像把一台小电器连到核能发电机上。这台电器就会被烧成灰烬。

这也有助于我们了解上瘾行为的机制。

成瘾——药物，酒精，处方药，吸烟，性，赌博，饮食等——都是非常强大的，可能暂时有效，但是它们是非常危

险的断路器。当遭遇过强的能量，或者过大的电压时，他们的电路无法处理，他们就经常使用断路器让自己封闭起来，变得麻木、迟钝，或者逃离能量。

当某些人发现自己内心的情绪太强烈，现实太残酷，太不舒服时，他们往往决定先暂时麻醉自己。"我感觉好多了。"他们很肯定地说。但实际发生的是，他们阻塞或拔掉了几十个电路，这样他们就不必去感受实际发生的事情。

从形式最温和的情绪麻木到最极端的上瘾，所有这些破坏电路行为的根本问题并不在行为本身。系统不能正常工作，无法处理通过自身的大量能量，就会表现出这些症状。可悲的是，上瘾的众多肇因之一就是造成上瘾的物质或行为带来了更多的波动干扰、堵塞和损害，从而使个人电路在处理爱、成功或灵性觉醒这些高能量的体验时倍感艰难。

我曾与许多人共事过，他们一生都在责备自己，觉得自己有问题，因为他们似乎总是在破坏自己的幸福和成功。"我必须恨我自己。"他们得出结论，"每当我开始一段感情，我都会搞砸，把对方推开""每当我开始赚大钱，我就会做某件事让自己血本无归""每当我努力工作，快要取得成就的时候，我就会做出糟糕的选择，然后导致不断的失败。"

当我向他们解释说接受到好的事情就如同是增加个人系统里的能量流，而他们认为的自我破坏不过是试图让系统的

电流不要"过载",他们感到茅塞顿开。几个星期前,我向我的一名学生解释了这个问题,他是一位心脏病专家,他认为自己有一种破坏亲密关系的习惯,为此苦恼不已。当他理解了我的解释后,我看到他的双眼闪耀着光芒。

"这很有道理!"他大声说,"我从小就缺乏处理情绪的'能力'——父母之间没有感情,他们对我也没有投入多少感情。我对情绪能量的容忍能力显然是偏低的。根据你的看法,亲密关系让我不堪重负。这正是我一直以来的感受。我一直告诉自己我需要空间,不想安定下来,但事实是,我渴望亲密关系。我现在明白了——这就像一个病人,他的心脏很健康,但是动脉却阻塞了。**如果我疏通自己,我就能够处理爱的电压**。"

我很欣慰地看到这位医生恍然觉悟的脸庞,因为他意识到他的"情绪动脉"被阻塞,不允许爱自由地出入,他并没有故意去破坏他的感情生活。

不要觉得你自身出了问题,要明白是你在处理精神和情绪的连接方式上出了错,从而无法应对过大的宇宙能量。这种解释使你认识到,并不是你出了问题,而是你在处理波动电压的能力上出了问题。

也许你并没有在自我伤害,你只是短路了。

终结你的波动堵塞

为什么我们不能处理许多事情——爱、成功、富足、力量和智慧? 是什么堵塞了我们? 本质上,任何造成流动干扰,不允许无限智慧通过你内心的事物都会阻碍能量的自由和充分传递,这些具有阻碍的事物包括没有疗愈的旧模式、瘀滞的情绪能量或冰封的感觉。

理解这种现象的一种方法就是将其看成波动堵塞。你的神经系统是一条美丽的高速公路,它可以处理大量的交通 / 能量,但是如果遇到障碍,就会造成交通堵塞。

想象一下,爱、力量和智慧想要通过你,但是道路并不通畅。道路被你的情绪问题和未经处理的陈旧波动碎片所阻碍,就像有些卡车把它的货物在公路上到处抛撒。

我很喜欢这样去想象没有得到疗愈的情绪和模式,它们洒落在我们心灵的高速公路上,就像从货车上掉下来的卷心菜、洋葱和土豆,它们导致后面的汽车减速或停车。大家都知道,我们有一些从未彻底清理的情绪碎片洒落在地,它们可能正在减缓原初能量在我们意识高速公路上的流动。

另一种理解方式就是将你的波动障碍或波动堵塞想象成电线上的结,它切断了能量的传递。我手机上配的是有线耳机,我经常整理我的耳机线,让它干净、笔直。然而,在日常生活中,我需要在钱包里频繁取放东西,经过一两天后,我的耳机线就无缘无故地打了十多个结。当然，我不会故意把耳机线缠在一起，但我发誓，我的耳机就像一只藏在钱包里的小淘气鬼，每次我把它理顺之后，它又顽皮地纠缠起来。这些结让通道变得收缩，而能量必须通过它才流动。除非我解开这些结，否则它们会阻碍声音的清晰传递。

你情绪上的任何"结"——愤怒之结、自责之结、悲伤之结、自我评判之结——也会减慢，甚至阻塞力量、爱和波动电压以最大的流量进入你的生命。这就是我们要进行的变革性工作——学会如何辨识和解开结，疏通并消融你的障碍物，这样你就能接受宇宙的所有馈赠，它们不但从你的内心生起，也从外部世界流进你的内心。

许多年前，我还在上大学，有一段时间，我和三个朋友租住一套小公寓。因为这套公寓修建于20世纪40年代，所以非常老旧。作为穷学生，我们只能租得起这样的房子。这套房子的最大问题就是老旧的电线跟不上时代，因为这些线路都是在现代电器发明之前安装好的。

线路非常老旧、不堪负荷，几乎无法承受任何电力输入，动不动就短路。如果有人在用吸尘器，其他人就必须停止用电。如果有人用取暖器，我们就要把灯都关掉。如果有人想看电视，就需要警告其他人，不能使用烤箱或搅拌机。

我们过了几个月苦不堪言的生活。一位胆子大、爱折腾的室友受够了这种沮丧和绝望的生活。他告诉我们，隔壁的夫妇白天一整天都要工作，他们家有现代的电路，有足够的电力供应。"我只是想去'借'电用用。"他解释道。第二天，那对夫妇刚出门去上班，我的室友就把一根长长的延长线从我们厨房的窗户放出去，穿过侧院，插到我们邻居后院的插座上。在接下来的六个小时里，我们的电力得到补充，我们感到很富有！在邻居回家之前，我的室友就去拔掉延长线的插头，第二天早上，重复相同的过程。

当然，几个星期后的一天，邻居家有人提前回来，我们被抓了个正着。这样我们又不得不过着缺少电力的生活。

我们很多人就是这样解决电路故障的。**我们试着去别人家寻找延长线的插座，而不是修复我们打结或阻塞的线路。我们试着从外部补充我们的力量，这样我们就不会注意到或感觉到我们的不足。**我和我的室友适应了电力不足的生活。我们牺牲了我们的舒适，降低了我们对正常事物的期望，习惯了许多的不便。过了一些日子，这就成了固定的模式。

这听起来熟悉吗？是很熟悉，因为这是我们许多人适应功能失调的方式。**我们在生活中习惯了缺少爱、缺少力量、缺少清晰的觉知、缺少智慧、缺少能量、缺少与本源的联系。最终，我们浑然不觉，不知道这都是不正常的。然后，我们从他人、互动和情境中寻求获得暂时力量的方法。**

　　这里有一些例子可能会让你意识到，当你没有完全连上自己的电源时，你可能会有这些感觉，试图从外部接入电源。

我们从外部暂时获得电源和爱的能量的方法

　　我们寻求持续的口头认可或赞赏。

　　我们寻求关注，希望自己而不是别人成为焦点。

　　我们扮演无助的角色，让别人来照顾我们或者为我们做事。

　　我们在口头上贬低自己，这样别人就会一直赞美和表扬我们。

　　我们总是坚持让别人给我们安全感。

　　我们记录别人为我们做了多少，我们为别人做了多少，并通过这些计算自我的价值。

　　我们需要具有控制别人的感觉，从他们身上索取我们想要的东西，或者操控和管理别人。

　　我们把自己和别人比较，总要保持一种优越感。

　　我们总会在当面或背后评判、批评他人。

　　我们让别人同意自己的观点。

　　我们让别人努力接近我们，并小心地管理他们与

我们的亲近程度。

　　我们爱挑起争端，总是挑起争吵或争论，试图获得口头上的胜利。

　　我们觉得自己需要拥有一些特定的东西，做一些特别的事情，或者以一种特殊的方式让自己感觉良好。

　　当我们与自身力量失去联系时，以上这些就是我们有意或无意表露出的行为模式。这个列表实际上可以一直写下去。无论你有没有以上的表现，很明显，所有这些都是小我的伎俩，试图通过接入外部世界来让内心感觉更强大。

　　这些选择只能暂时地提供力量源，暂时让你感觉不错。问题在于，就像从隔壁偷电一样，这些体验都无法让我们真正连接到我们自身的力量、自尊、自爱或者我们自身的宇宙电压的本源，只要暂时满足的感觉耗尽，我们就需要不断地重复这样的行为。

　　爱的选择就是选择承认我们自己是殊胜、奇迹般的存在，我们配置了卓越的内在电路，能够以爱、智慧和创造力的形式接受和传输无限的能量。

　　现在我们需要找出并移除能量之流中的障碍。

我们不要觉得自己不够强大，我们也不要为了让自己感到强大，需要做特定的事情去获得特定的东西，我们要明白，终极力量已经尽其所能在我们体内运行。

不要问自己："我该怎么做才能获得力量？"要问："我如何才能恢复内心的连接，从而获得已经拥有的力量和爱？"

我们为何以及如何拔掉了内心的插头：
我们是依靠低电压维持生活吗？

本来能过更精彩的生活，却安住于现状，满足于小小的格局，这毫无激情可言。

——纳尔逊·曼德拉

我在加利福尼亚生活了40多年，经历过几次严重的地震。我们学到的第一条安全守则是拔掉所有电器的插头，用"主控开关"来切断家里的电源。这是为了防止电力恢复时突然的电涌造成的损坏甚至火灾。这些电涌是非常危险的，正如我们所看到的，它可以给电路施加非常大的压力。

在我们人生的旅途中——**在我们的童年或成年生活中，当我们系统内的创伤事件、强烈的痛苦、恐惧、悲伤或焦虑超载时，许多人都经历过自身"情绪力量的激增"。这些情绪能量的超载产生的内部压力就像过大电压造成的电涌。**

例如，如果你成长的环境中充满了紧张、不和谐、变故、愤怒或不快乐，这可能是因为你年轻的电路系统承受了太多的情绪能量。同样地，在成年的时候，巨大的损失或悲痛可能会让你的情绪电路短路，这样你就不用感受到痛苦，不用被过强的情绪所压垮——在某种意义上，"保护"自己免受不愉快能量的涌入。

当感觉太痛苦时，为了生存，我们会无意识地断开一些电路。我们成为自己的断路器，在能量和情绪上拔掉我们脆弱的电路、觉知的电路、爱和亲密能力的电路。我们不记得自己已经断开了这些电路，反而得出结论说："这就是我本来的面目。"我们把自己的某些部分关掉，却忘记把它们重新打开。

我们断开能量充沛的电路，不再重新连接，最终就过着我所说的"低电压生活"。许多人都是这样地生活。他们构建他们的整个人格，调整他们的习惯和亲密关系，以适应不想要太多波动能量进入的现实。他们在情感上断开了很多储存能量的能力，所以必须调低自己所体验到的电压。

我有一个很棒的学生，我初次见到她时，她就是这种情况的典型代表。莫妮卡聪明迷人，是个非常成功的商业摄影师。然而，她坦诚地告诉我，她大多数时间感到非常空虚和沮丧。"我不是一个情绪化的人。"她强调说，"看到其他所有人都有那么多自己关心的事情和关心的人，但是，我觉得我无法把自己和别人关联起来。其他人真的让我很烦躁。"

没过多久，我就搞清楚莫妮卡到底是怎么回事了。她的童年动荡不安，不堪重负的母亲对她冷漠而疏离，父亲酗酒。从很小的时候起，她就觉得自己是隐形人。她感受到的痛苦是如此之大，以至于她退缩到自己的绘画世界中，将自己封闭起来。

当一个人内心有这么多情绪的时候，就需要很大的精力和技巧才能将自己封闭起来。**莫妮卡本来是个高电压的人，但决定过一种低电压的生活，正如她所决定的那样，她如愿以偿**。她没有真正亲密的朋友，从未有过一段严肃的亲密关系，她推开任何过于接近她的人，并告诉自己，这就是她想要的生活——其实并非如此。她非常孤独。

莫妮卡断开自己大多数的能力，不让自己感受并持有能量，这样一来，她几乎不能忍受任何通过她身体的情绪电压。我告诉她："你的电路操作系统如同乌干达偏远农村的水平，但你实际上需要供应东京的电能。难怪你这么沮丧。你错过了所有的爱与光。"幸运的是，她信任我，让我帮着打开了她的情绪电路，现在她幸福地结婚了。她不再选择切断电路，她选择了爱。

如果我们遭遇了停电，或者感受不到足够的爱、光、创造力和智慧，我们不能迁怒于电源／能量本源。宇宙的本源从未停过电！我们必须重新与本源接通。

出于爱自己和保护自己的目的，你在某个地方断线了，作出爱的选择意味着找到这个断线的地方。

以下是一些"爱的选择重新校准问题"，你可以向自己发问：

我什么时候切断了自己的某些电路？

我是否因为经历过痛苦的电涌（创伤事件）而拔掉插头？

什么是我不想去感受的呢？

我没有完全插入自己的电源，这对我的生活和亲密关系造成什么影响呢？

我在哪些领域无意识地作出决定去过低电压的生活？

你来到这个世界，被送进这个拥有 10 亿瓦容量的身体。你是否像一只 60 瓦的灯泡那样运行过？如果你这样运行过，怪不得有时你会感到沮丧。怪不得你会觉得自己没有发挥出潜力。怪不得你会觉得不对劲。

你假装自己是一盏小夜灯，而你实际上能够照亮容纳 10 万座位的体育场，即使从太空中，也可以看到你发射出的光！

你需要找到被你断开的电路，并把它们重新连接好。

我们拥有宇宙中所有的能量。但是我们却用双手捂住眼睛，哀叹眼前一片漆黑。

——斯瓦米·维韦卡南达

作为一名作家、教师和演说家，我经常到不同的城市旅行，举办研讨会并发表演讲。像许多人一样，每当我入住旅馆，第一件事就是寻找电源插座。旅馆的插座足够我连接手机、平板电脑和其他现代化的设备吗？这些插座使用起来方便吗？是不是隐藏在挪不动的大床或衣橱后面？当我发现我入住的旅馆有许多插座时，我感到非常开心。"现在我能把所有的东西都插上电源了。"我松了一口气。

正如我们所看到的，当人们进入你的"气场"，他们正在体验着你心灵的电磁场。**就像在酒店房间里发现了许多电源插座时，我们就感到放心一样，他人也总是在检查你是否有插座，当他们看到你的时候，他们会无意识地感觉到你的电路，好像是在问："这儿有我插上插头的地方吗？"**当他们觉察到你正全力运转，当你看起来"灯火辉煌"、电力充沛的时候，他们就会放松下来。

你想成为一间找不到插座的酒店客房吗？你想成为一间只有一个插座的客房吗？当然不想。

更糟糕的是，你想这样吗：当人们插上你的插座，突然感觉到他们的整个系统崩溃了，因为你的电路不稳定，产生了破坏性的电涌？你当然不想。

你难道没见过这样一类人：当你靠近他们的时候，你需要一个"电涌保护器"，因为他们的能量是如此地不稳定？你想让人们对你有这样的感觉吗？那可太糟了！

你希望人们能够插入到你的波动电路中，然后说："哇，**我想永远和这个人保持连接。我永远都不想拔掉插头。我感到如此生机勃勃，被人所爱，好像有一种非常奇妙的能量在我身上流动，连接着彼此。**"

当你的内在电路被重新连通，更多的爱将会更多地涌入你。你将会从内心向外放射出爱和光。当你遇到伟大的导师时，你就会体验到这一切。这些人的内心被照亮，因为他们完全被连通，他们的内在光芒被点亮。

当你致力于爱的选择原则，致力于智慧时，这一切也将发生在你身上。你看起来就像是一座被数百万耀眼的灯光所照亮的城市，而不是一只闪烁的小灯泡。

你越勤于疏通电路和修理线路，宇宙的能量就越多地流经你。

然后，你从单一的插座扩展到一个巨大的电力网，有能力将无限的爱、光和能量传递给你认识的每一个人。

你是多汁的吗？

加利福尼亚现在正是桃子成熟的季节，我一直期待再次品尝鲜美的桃子。上周，我去了商店，很高兴地看到那里陈列着许多香甜的黄桃。我买了几个成熟、漂亮的桃子，迫不及待地想回到房间好好品尝品尝。

我开车回家，快速地放下我的东西，坐在外面那张我最爱的椅子上休息，并拿出桃子来吃。我满怀期待地闭上眼睛，慢慢地咬了一口——我立刻有一种糟糕的感觉。桃子又干又面，这让我大失所望。虽然桃子外表看起来很棒，但它缺少了美味桃子所特有的成分——汁水不多。

我分享这件小事是为了说明一个重要的观点。从某种意义上说，生活就像一个大超市，购物者从中寻找他们想要的东西，他们有很多选择。在爱、友谊、商业机会等方面，你自然想要被人选中。你努力工作，让自己看起来很体面，别人对你的评价也好，成为合作伙伴、潜在客户或者任何人都会来挑选的人。

你想做一个干瘪的桃子吗？你想因为外表漂亮而吸引人，但实际上内心却很干瘪吗？我知道你肯定不想这样！你想在波动和情感上汁水丰富，当人们看到你，和你说话、做生意或者爱上你的时候，他们会说："这是一个多汁的桃子！"

是什么让你汁水丰富？你知道答案。

爱使你产生让人无法抗拒的波动。

当你完全沉浸在不可抗拒的爱的能量中时，你就会变得多汁起来，这就是你的真实本性。

你被设计成具有神圣的电路。你被设计成多汁的！为了让你体验到无限——无限的爱、无限的快乐、无限的智慧和无限的自由，你神圣的电路已经通过内在被组织起来。这条电路必须被清理干净，并完全打开，让爱和心灵的最高电压通过你。

你需要尽可能地放开自己，让自己持有无法想象、深不可测的开阔空间。这就是我们正在做的工作。你开始恢复到最初的出厂设置，这样你就可以感受到一切，接受一切，爱一切，并且知道自己与一切相连。

这就是爱的选择的伟大之处。爱的练习本身会通过打开越来越多的线路让你获得回报。你的神经系统将被更强大的电压／生命力／宇宙能量所利用。更高层次的波动强度——更丰盈，更多的能量和更多的其他事物——可以通过你来运作。这样，你传递爱、智慧、创造力和力量的能力自然而然地增强。

作出爱的选择实际上会在你内心创造更多的波动电路。

你爱得越多，你在情绪和心灵上的连线就越多。

爱在当下就会让你觉悟，让你觉醒。

解开你的心弦

你为什么不把整个身体做成一根弦，演奏自我的电波音乐呢？自我的电波就是你的创造力，它将会投射到另一个人的心里。

——哈巴扬·辛格·优济

从我记事的时候起，我就一直喜欢风铃。最初的风铃大概是 5000 多年前在东南亚地区用贝壳、骨头和石头制成的，用来驱赶邪灵。古埃及人在公元前 2000 年铸造铜制的风铃，1000 年后，中国人开始制作具有音调的风铃和钟，用于常规的宗教仪式，并将其作为风水治疗手段，用来消除瘴气。在中国、日本和巴厘岛，人们把风铃挂在神庙和圣龛的屋檐作护佑，并用来召唤慈悲的神灵。

我将许多大小不一的风铃挂在房外，有的挂在树枝上，有的挂在顶层的屋檐上。我所住的地方经常起风，有的是从海洋吹上山，有的是从山上吹下来，我的风铃在圣塔巴巴拉的微风的吹拂下欢乐地摇摆，不断发出悦耳的声音，每一只都演奏出独特的曲调。

有天早晨，我正躺在床上，有一种奇怪的感觉，我发现某种异样，但我不知道是什么。突然，我意识到并不是发生了什么事情，而是什么事情都没有发生——**外面一片寂静。我听不到任何风铃的声音**。我决定考察一下，于是走到卧室外的院子里，那里鳄梨树的枝条上一直挂着一组我最喜欢、旋律优美的风铃。每天清晨，它们总是用悦耳的旋律迎接我，每天晚上我睡觉的时候，它们又为我演奏出叮当的催眠曲。

当我看到这些风铃时，立刻就意识到发生了什么。头一天夜里，风刮得非常猛烈，风铃的挂绳已经完全纠缠在一起，形成非常紧的绳结。这样风铃就不能摇动，也就不能发出任何声音。

在接下来的 15 分钟里，我努力地解开挂绳结成的网，理顺一根根金属管，这样它们又能够摇动，向周围发出神秘、动听的音乐。完成工作之后，一阵微风突然吹进了院子，风铃发出了柔和的声音。我不禁觉得这是它们在向我致谢，感谢我让它们重获自由。

我闭上双眼，任凭风铃的声音所产生的和谐波动冲刷着我，我的心充满了理解，那些风铃刚刚提供了一个新方法，阐明如下的重要教导：

我们每个人的降生是为了被谱成一首动听的爱之歌。

爱的奇妙波动可以从你的心里倾泻而出，成为一首高扬着爱、具有疗愈能力的和谐乐曲。

你就像一组风铃，要想翩翩起舞，悬挂的绳索就不能打结。

我们所有人的绳索都会被失望之风、心碎之风、创伤之风和痛苦之风打结。它们像无情的风暴，席卷我们的生活，让我们扭曲、打结，使原初能量不能自由地在我们体内运行。我们不能再与世界分享我们美妙动听的智慧、爱和欢乐之歌。我们被堵住了，打结了，无法翩翩起舞。

当我走到户外，走向挂在树上的那组风铃，我作出了爱的选择。我并没有对风生气。我也没有诅咒风铃打了结、乱成一团。我满怀爱意，解开每一条打结的绳索，耐心地理顺每一根金属管。"非常抱歉，让你们遭到肆虐的暴风。"我说道，"很快，你们就可以自由地演奏音乐了。"

这是我们探索者的道路。我们为获得欢乐、智慧和爱而连接起来。让我们牢牢地守住这个愿景，稳稳地带着勇气找出我们的结、我们的系缚和断开的电路，让我们解开它们，理顺它们，重新将我们的道路与觉醒相连。

你就是一切！

你和一切相连！

你奇迹般的存在是为了体验这一切！

将自己重新连接到本源。

让你的心重新被点亮。

准备接受炫目的光彩。

4 用爱让你的大脑觉醒

我们不是以事物的本来面目来看它。我们是以我们的本来面目来看事物。

——阿耐斯·宁

爱、亲密、幸福、满足、喜悦、开心、安详、大脑。稍等——这组词里为什么有大脑？大脑与爱和幸福有什么关系？答案是：大脑关乎一切。现在我们就来解释你的大脑如何经过设置，控制你感受、给予或者接受多少爱。

你的大脑是什么呢？它是一个重三磅的神秘奇迹。这个奇特的器官实际上是一个精妙、复杂的计算机，它与你所认定的"自我"发生互动：你的"自我"告诉你，你独立于周围的一切、独立于周围的人和世界的实体——你是大卫、蒂凡尼或玛利亚，你是你所认为的人。正是因为有了大脑，你才可以阅读到这些文字并且进行理解，当你的大脑向你发送信号表示身体感到寒冷时，你就知道穿上毛衣。当你要做决定的时候，是你的大脑收集信息并产生与问题相关的信息"文件"，你就可以进行选择。

你的大脑包含了许多部分，每一个部分负责不同的功能，并使你保持生机。为此，我们来看看大脑的"电路"，它是一个精妙的沟通网络，被称为神经元—— 一千亿个——就像计算机里的线路。神经元汇集并分析内部和外部的信息，它们之间通过连接器组成的系统进行沟通，这些连接器就是突触。你大脑里的突触就是神经元之间的会合之处，有几万亿之多。有一种化学物质被称为神经递质，它使这些细胞能够相互交谈。

所以就会有如下这样神奇的事情：

发生在你身上的一切，你见过的一切，你听到的每一个字，你所经历过的每一种情绪都储存在你的大脑里。

例如，你的大脑告诉你不要横穿马路，因为那样会伤害自己，不要把你的手放进火里，不要吃脏东西，打人是不对的，诸如此类的许多指令。大家现在可能觉得这些指令理所当然，但是在婴儿时期，你对此浑然不觉。父母曾经告诉你，这些行为是不对的——有时候你通过痛苦的经历学会这些——你的大脑储存了这些信息以备将来使用。

在你具有足够多次这样的体验之后，即使是面对一项需要高度集中注意力的艰巨任务，在某种程度上，你的反应也会自动发生，你想过其中的道理吗？还记得你第一次开车的经历吗？开车似乎非常复杂，你没办法记住所有的规则——何时加速，要观察什么。一旦学会开车以后，你坐上驾驶位，甚至不用考虑这些就会驾驶汽车。在工作的时候，在业余生活中，在各种体育活动中，你可能会具有很多技能，当你第一次学习它们的时候，这些技能对你来说是具有挑战性的，但是现在你已经驾轻就熟了。你应该感谢自己拥有这样设计精妙的大脑！

人类大脑里的神经元数目就如同已知宇宙的星系那样多——大约一千亿个，通过神经之间数以万亿计的线路将一万种不同的细胞相互连接起来。记忆是由这些灰质构成的。灵感和想象力也是由它们构成的。

——罗伯特·李·霍兹

我们是如何学习的？1949 年，被认为是神经心理学之父的唐纳德·赫布提出一项研究发现，这项研究发现如今已成为神经科学领域不可或缺的一部分。简单地说，这项研究发现认为：**神经元一起放电，并连接在一起。**

研究人员发现，当你大脑中的神经元和其他神经元同时放电或者活跃地交流时，它们就开始联系在一起。神经元来回传递信息的交流过程被称为"神经元放电"。**当脑细胞的交流变得频繁时，它们之间的联系就会得到加强。信息如果在大脑中遵循相同路径被反复传递，它们的传输速度会变得越来越快，最终，当重复到足够的次数时，这种信息的传递将会自动完成。**

因此，我们会说："当我进入滑雪道的时候，我根本不用思考要去干什么——我处于自动驾驶的状态。"或者"当我生头胎的时候，我关注每一个细节，确保一切正确无误，但是现在我已经生了三个小孩，我给他们洗澡、穿衣、送他们上学，我甚至都不用去注意我在做什么。"

经常被使用的神经通道会得到强化，如同道路般畅通无阻，更容易通行。反之，没有得到充分利用的神经通道会变衰弱。针对此种现象，有一个很特别的科学术语："经验—依赖神经可塑性"。**这是什么意思?**

即使你没有意识到，你大脑的思考和体验方式每天都被重新编程。这意味着，你每天都会变成不同的人。所以，为了改变自身，改变你的人际关系，你需要转变自己的大脑。

当我们开车去某个熟悉的地方，或者在工作的时候完成一些常规任务时，我们无须特别专注，我们的思维处于"自动驾驶"的状态，这似乎并不是什么问题。然而，当不良的自动状态影响到我们自己的体验，影响到我们所爱的人，影响到我们周围的世界时，情况会变得严重，我们稍后会看到，这会把我们带上情绪的过山车。

为什么你大脑的情绪软件过时了?

历史不会重演，但总会惊人地相似。

——马克·吐温

最近，我买了一个新的 Wifi 信号增强器，它可以接收主调制解调器的信号，并将网络信号散播到家里其他地方。我的调制解调器只用了几年，一直很好用，新增加的信号增强器只是一个扩展设备。我尝试设置它，以前我也多次自己设置，但是这次不管我怎么设置，都不管用。我联系了客服技术员，客服代表在电话里费力地向我解释了几个小时，但是并没有解决我的问题。最后，我坚持要和最高级别的主管对话。几分钟不到，她就想办法解决了问题：**我原来的旧路由器使用的是复杂的编程，虽然已经过时了，但是还在继续工作!**

"情况是这样的，"她解释道，"你购买这台路由器以后，该项技术已经发生了翻天覆地的变化。而新设备正试图与你的老设备对话，告诉它不需要通过这么多的步骤，如此辛苦地完成任务。**但是你的老路由器没有听进去。它的程序还是旧式的，没有得到更新。可以说，它被过去所束缚，这也是为什么你无法接通网络的原因**。"

"该怎么解决这个问题呢？"我问。

"我们将重启并重新设置你的路由器，直到它配合工作。"她回答。

网络系统很快就成功运行，我的恼怒变成了感激，因为我意识到这次的不幸遭遇给了我一个很好的启迪：我们的大脑也需要更新和重启，这样我们才能体验到更多的爱、智慧和自由。

你的大脑就像一台电脑或一部智能手机，或者任何经过编程，具有默认设置和默认操作系统的设备。在过去这一年，你可能已经为你的笔记本电脑或手机下载了一个新版本的系统，因为你不想让它们使用过时的软件。由此而来的问题是：

你最后一次更新大脑程序是什么时候？

你还在使用已经运行了几十年的操作系统吗？

你知道吗，如果你的大脑没有得到"更新"，它可以让你陷入"旧的情绪设置"，阻止你体验到应得的爱。

每次你打开设备，默认的设置就开始运行，因为你就是这样对他们进行编程的。你已经选定了你的桌面背景，你设定了计算机自动备份文档的频率以及输入的字体。你选定了来电铃声，选定了接收短信时是否有声音提示。

同样地，你的大脑也是这样被编程，所以当你有了特定的体验时，它们就会自动地与其他体验联系起来。这些就是你大脑的默认设置。

你每天要体验一千次这些默认的设置以及神经元之间的联系：

你感到有点沮丧，即使是在上午 10 点钟，你突然发现自己渴望吃冰激凌。

你看到某个人，他让你想起前男友，即使你如今已经结婚，并且很幸福，但是你也会突然感到悲伤，仿佛你的心在痛。

你计划在周末吃烧烤，突然发现自己想吃汉堡，即使你刚刚吃了一顿大餐。

某个楼梯曾经因结冰让你滑倒，现在你开始走下那个楼梯，即使外面阳光灿烂，气温是 26℃，你也会感觉很紧张。

为什么会这样？你的大脑正在"回想"与你正在做的事情相关的某些经历，并向你呈现那些情绪和反应。在你小时候不开心时，妈妈会给你买冰激凌，哄你开心，所以当你不开心的时候，你的神经元就会推出"冰激凌"，这是与悲伤和舒适连接在一起的信息。**我感觉很糟。我需要爱。爱 = 冰激凌。所以我需要冰激凌。**

我们的许多（如果不是全部）情绪体验和反应，连同我们的思想、理解力和信念，都是大脑被生活经历编程之后的副产品，而我们甚至都没有意识到这一点。

如果我们没有更新这些信息，我们的大脑就会沉湎于过去，我们的情绪也是如此。

情绪回放：你的大脑如何用过时的信息愚弄你

你以为你已经抛弃了过去，其实你从来没有。

——凯瑟琳·安·波特

有一天，我在一家超市里，突然听到音响里放着一首歌，我不禁停下了脚步。这是 1963 年我十几岁时第一首真正喜欢的歌——布莱恩·海兰德的《以吻封缄》。你们中年纪大一些的人可能还记得这首歌。这首歌的歌词哀叹道，在秋季开学之前，你在整个夏天都见不到自己的心上人。叹气……当这首歌发行的时候，我大概 13 岁，我被它迷住了。我会在我的小录音机上一遍又一遍地播放它，有时会连续播放好几个小时。这是我生命中非常痛苦的一段时间。我的父母刚离婚，我觉得自己和学校里的其他孩子很不一样，对自己没有信心。

那天在超市，听到这首歌，它不仅仅是勾起我过去的回忆。我觉得自己仿佛回到了 50 年前，仿佛能再次体验到 50 年前所经历的一切：我能闻到我男朋友身上的古龙香水味；我能看到自己童年卧室的细节；我感到悲伤和孤独阵阵袭来——和我 13 岁时的感觉一模一样。

我相信你也有过由不同的体验所引起的类似"回放"。

当你发现以前的爱人所写的情书时，只要看到他的笔迹，过去的情绪就会此起彼伏，仿佛能记起坠入爱河时的感受；你闻到某种特定品牌的防晒霜的味道，就会回想起在海滩时的快乐时光。

昨天我体验到一次非常强大的"回放"。我打开一个多年没有见过的盒子，里面的旧毯子上放着一只给狗梳毛的塑料梳子，那是我的两只爱犬在世时所用的。当我看到那柔软的白色毛发仍然缠绕在梳齿中时，泪水从我的脸上流了下来。在那一刻，我不但回想起我是多么深爱并思念我的狗宝宝，我还能通过触摸、嗅觉，通过感受我手掌中它们身体的温度，体验到波动的回放。

为什么法国吐司的味道会让你觉得祖母就站在身边？

为什么听到一首老歌，就如同坐上了时光机器，把你带回到多年前，片刻之间，你就能感觉到你曾经历的一切？

为什么仅仅是触碰狗狗的梳子，就能让我充满了真实的体验，觉得闻到了它们的味道并且在抱着它们？

答案是，你的大脑正在向你提供过去的信息。它将这些经验"连接"在一起，使你不至于"失去连接"。

当然，大多数人并不介意这样的情绪"回放"，实际上还很享受它们，因为这些"回放"让我们重新体验到过去的珍贵时光。然而，并不是所有的波动回放都是令人愉快的：

我们的一位朋友或亲人曾经在某家医院过世，我们开车经过这家医院的时候，就会感到悲伤涌上心头。

某人曾经伤害过我们，当我们听到他名字的时候，身体就会因恐惧而紧张，似乎感觉立刻会再次受到伤害。

我们的伴侣说了一些刻薄的话，我们会突然感到非常悲伤，如同回到了5岁的童年时代，面对父亲的批评，害怕他不爱我们。

下面这些例子说明了过去的经历是如何给现在的我们带来情绪上的挑战：

当苏珊娜还是个小女孩的时候，非常难以亲近父亲，因为她的父亲大部分时间都在看体育节目，从而忽略了妻子和孩子。最后，她的父亲和母亲离婚，父亲离她而去。现在，20年过去了，苏珊娜的丈夫对她非常忠诚和体贴，当她的丈夫下班回家，希望保持安静，自己看电视的时候，或者对苏珊娜的谈话不感兴趣的时候，苏珊娜就发现自己处于神经和情绪的回放状态。她感到被抛弃，感到孤独，充满绝望，埋怨丈夫不关心她。

苏珊娜的经历让她将"不受人关注"和"被抛弃"联系在一起，即使某个人只是几分钟没有关注她，她就觉得害怕，感到被人拒绝。

罗伯特是单亲妈妈带大的独子。在他小的时候，他爱讲话、爱折腾，他的妈妈工作很累、压力很大，告诉他要安静。现在，当罗伯特准备在工作中做演讲，或者想在派对上和女人交谈时，就会感到非常焦虑，并且害怕被人拒绝。

罗伯特所具有的"表达自己"的行为与"害怕被拒绝"的情绪联系在一起，而这种"害怕被拒绝"的情绪是童年时期反复熏习而成的，因此，仅仅是与人交流的渴望也会让他精神崩溃。

萨拉在年幼的时候母亲就去世了，她的父亲很快再婚。继母对她期待很高，标准很严苛，萨拉觉得不管自己怎么表现，都不够优秀。萨拉现在几乎具有以下所有情况：感觉自己必须取悦任何人，每件事情都力求完美，牺牲自己，成全别人，并且处处附和别人。

萨拉将"渴望被爱"与"力求完美"的情绪联系在一起，所以，她执迷于人们对她的看法，害怕犯错，害怕别人对她的言行不满。

你能看出重复的神经编程催生了这些情绪模式吗？

*苏珊娜的爱的神经元经常与"被抛弃"的神经元一起放电，所以这两者被连接在一起：**得不到关注＝被抛弃**。**即使稍微得不到关注，她都会感到失落和绝望。**

罗伯特的沟通神经元经常和他的拒绝神经元一起放电，所以它们就连接在一起：**沟通＝恐惧**。**每当他必须与别人沟**

通时，他都会感到非常恐惧，并且觉得不被认可。

　　* 萨拉爱的神经元经常与她的表现压力神经元一起放电，所以它们就会连接在一起：**得到爱 = 表现。无论何时，只要她想获得认可或被人接受，她就会觉得必须力求完美，为所有人服务。**

　　问题是，当我们具有这样的体验时，这些体验并不像是某种心理上的联想或大脑程序——我们觉得自己当下体验到了真实的情感。

　　还记得我听到小时候那首歌的故事吗？一听到那首歌，我就立刻开始了一次波动之旅，回到了童年的卧室。我被童年的孤独和不安所淹没。我闻到了从窗口吹进来的青草味，还有妈妈在厨房里炖鸡的味道。我能看到旧唱片机的细节。一切都那么真实。我当时经历了神经系统的回放！

　　以下是需要理解的重点：当你的神经元开始一起放电时，你的大脑正在体验过去的神经联系，它通过你的神经系统以思维和情绪的形式传递信息，你会在心里体验到它们。即使这些信息是基于过时的神经通道，你也会栩栩如生地体会到这些信息。**你正在观看情绪的重播。**

　　通常，当我们体验到情绪 / 神经的回放时，我们并不知道它正在发生。我们的思维和感觉认为我们创造的现实似乎是真实的，如同当下发生的一样。

　　我们的大脑一直在播放着"过去的经典"，而我们甚至都没有意识到这一点！这就是为什么我总是告诉我的学生：**我们应透过自身问题的眼睛看世界。**

你大脑的神经通道就像大城市繁忙时期的高速公路——铺天盖地的心理和情绪信息不断轰炸你，使你在任何时刻都难以完全摆脱旧有的信息，所以很难对现实采取行动，进行感知和阐释。你正在通过自身问题和编程之眼——或神经通道——体验现实。**因此，正如我们已经解释的，你的许多体验根本不是真实的！事实上，它就是我所说的"虚妄"。**

挣脱你的情绪牢笼

你的心可以成为你的监狱，也可以成为你的宫殿。这一切都由你做主。

——伯纳德·凯文·克莱夫

我在 20 多岁的时候，住在湾区，每天开车从米尔谷的小公寓进城的时候，都会看到恶魔岛。如今这个岛是一个公园，但它曾经在 30 年时间里一直是臭名昭著的联邦监狱所在地，那里关押着美国历史上最著名的银行劫匪和杀人犯，其中包括黑帮头目阿尔·卡彭。恶魔岛被称为"巨石"，以"无法越狱"而著称，事实上，在它运营的 29 年中，没有任何人能够成功越狱，虽然有许多囚犯尝试过，但最终都被淹死在海里。

　　每次经过恶魔岛，我都被一种怪异的感觉淹没，心想这真是个残酷的反差：这个岛屿位置险峻，但却是世界上最美的地方之一。我想象着这些囚犯终身陷于囹圄，被迫守望着周围的美景。他们可以看到鸟儿在自由翱翔，而自己却没有逃脱的机会。他们可以看到闪烁的海水，北加州神奇的灯光，来往的美丽帆船，但是他们知道他们的余生已无法再体验。他们可以看到雄伟壮观的桥梁，川流不息的汽车朝着各自的目的地前进——但他们知道，自己哪儿也去不了。**在地狱般的牢房里看到天堂般的风景一定是种纯粹的折磨**。

　　在某种意义上，如果我们受着自己情绪的禁锢，就是在过着这样的生活。我们可以看到外面的一切，但是我们却没有自由。我们可以这样想："如果我自由了，我就能飞过那座桥，能在爱的海洋里游泳，能够充满力量，像鸟儿一样飞翔"，但是我们并不知道如何彻底实现这样的生活。

　　我们无法在所有时刻自由地实现最高自我，我们或被过去的反应模式所束缚，或被禁锢在我们无法逃避的痛苦情绪中，我们生活在一个情绪的牢笼中。

　　这个比喻有好的一面，也有坏的一面。好的一面是，我们并不是处在真正的监狱，而仅仅是处在神经监狱——我们的程序和默认设置中，我们知道，它们让我们无法自由行动、自由反应。坏的一面是，与恶魔岛不同，**情绪监狱并不是静止的——它们是运动的**。我们带着它们到处走，就像

"情绪房车"。我们在工作的时候就会现身于情绪房车之中；我们把情绪房车停在我们人际关系的车道上。我们知道它们占用了大量的空间，但我们很难放下它们。

为了防止别人注意到我们的情绪监狱，为了让我们自己意识不到它们的存在，我们可以很好地掩饰它们。我们常常将这些伪装称之为"人格"。例如：

我们可以用一种非常友好、有趣的人格来掩盖我们愤怒的牢狱。

我们可以用 A 型人格、过度活跃、极大的创造力来掩盖我们对失败的恐惧。

我们可以用一种非常冷静、独立的人格来掩盖对亲密关系的恐惧。

我们可以用一种非常乐于助人和自我牺牲的人格来掩盖我们对被抛弃的恐惧。

当然，不是我们人格的所有层面都是伪装，**但是，当我们更多地去探寻时，我们会惊奇地发现我们中有多少人穿着用来伪装的衣服，希望没有人看到隐藏在下面的恐惧、脆弱、不安、羞耻、愤怒或绝望。**

我们可以说：

"我就是这样的人。"

"我并不疏远人——我只是不喜欢依赖人。"

"我不是脾气大，我只是感情充沛。"

"我并不认为自己爱讨好别人——我是个心胸博大，助人为乐的人。"

我们甚至让我们在生活中遇到的人和我们一起住到情绪监狱去。我们非常善于粉饰自己的情绪监狱，即使对我们自己来说，也完全让它们看起来不像监狱。

你是否开始认识并理解自己的一些情绪连接？你是否开始认识到你曾经生活过的情绪监狱，以及你认为是真实的"虚妄"？我希望你们已经认识到了，因为**认识到这些意味着你已经在向你的大脑提供新的信息，这些信息实际上正在改变你的大脑。**

没有人希望有这些模式，我们甚至常常不知道它们的存在。我们觉得自己本来就是这样。但事实并非如此——这些是我们大脑中无意识的默认设置，决定了我们几十年来的思维和感受。了解到这一点，我们突然意识到一些非常令人兴奋的事情：

你的许多情绪、行为和习惯并不是你生来固有的个性特征。它们只不过是你大脑中陈旧的情绪设计，你甚至没有意识到它们的运作。就像你的大脑最初被编程一样，它可以被重新编程！

你的新操作系统：爱

你是否曾点击过手机或平板电脑上的新闻图标，惊讶地发现一则已经发生若干天的新闻？你立即明白——你还没有刷新你的浏览器！你的设备还停留在过去。一旦你按了刷新按钮，它就会将所有内容更新到当下的时间。

与此类似，我们一直从我们的大脑里获取"过时的消息"。大脑向我们提供 20、30、40 年前的故事，诉说我们是谁，我们需要如何运作，告诉我们什么是真实的："我不能相信爱情。对我而言，表达自己是不安全的。我不相信别人会接受真实的自己。如果我不想受伤，我必须控制一切。我不喜欢亲密关系。我需要让每个人都高兴，这样他们就不会生我的气了。我不聪明，不会有什么作为。我是个内向的人。我不该向任何人要任何东西，因为那样他们就能控制我。"

这些情绪标签曾经可能是准确的，但现在，他们是过时的信息。

这就是为什么那么多真诚的探索者陷入了困境和挫败的原因。我们从自身开始努力，看清我们想要改变的模式或行为。我们真的在致力于改变；我们积极改变思维，并且将改变具体化。然而，不知何故，我们发现自己一次又一次地陷入相同的旧模式。为什么？**从某种意义上说，我们的大脑卡壳了。一起放电的神经元彼此相连，现在我们需要解除它们的连接。**当我们没有按下重启键来刷新我们的心识时，我们就会陷入情绪化的时间错位，回到过去。

也许你的结论是："我知道——问题出在我的脑子里。为什么它不能停止向我灌输所有这些旧的信息，并停止让我的头脑充满心烦意乱的想法？为什么它不能变得更有益处、更有创造性、更聪明？"在你把许多问题归咎于大脑之前，我想给你一个全新的思考方式：

在这些情况下，你的大脑已经尽其所能，为你做了最好的工作了。

这些是什么样的情况？以下是一些例子：

基于你所作出的数百万个不太明智的选择，你的大脑经过了数十万个小时的编程，当它没有按照你想要的方式去编程时，你就会迁怒于你的大脑——但是你才是行动的发出者。

你习惯于用彼此冲突的命令和相互矛盾的信息来"伤害"你的大脑，让大脑混乱，并"摧毁"它找出解决方案的能力，然而，你却纳闷为什么它不能在你需要的时候，适时给你所有的答案。

你不愿用前后一致的心识去生活，所以，你就会做出不健康的决定，将自己暴露于情绪的痛苦之中，然后你的大脑

就会积压着大量的负面情绪，需要得到处理，然而，你再一次把它归咎于你的大脑。

你会选择利用那些妨碍性的物质去麻痹、麻醉大脑神经网络，或者烧焦它们，甚至让大脑萎缩，杀死脑细胞，对它造成永久的损害，这样大脑想发挥作用，就要更努力地工作。

我还要继续下去吗？

我要指出的是，是你让大脑很难像预期那样完美地运作。对于你所赋予的不可能的重担，你可怜的大脑尽了它最大的努力，然后它还得为你的问题背黑锅！

你的大脑最神奇的地方就是它的线路不是固定的。它被设计出来是为了改变、学习并不断地完善。你所做的每一件事，你的每一次经历，你的想法，你的情绪以及你所作出的每一个身体动作都会改变你的大脑。因此，当你抱怨说你希望你的大脑能帮助你变得更聪明、更快乐、更成功时，事情正好相反：

你希望你的大脑变得更好，但是大脑需要你的帮助才能变得更好！你需要去爱你的大脑，让它觉醒。

还记得我那个无法工作的电脑和路由器吗？它们需要我的协助才能按照设计好的方式为我工作。我需要去改变一些设置，清除那些阻塞程序的"电子碎片"，刷新并重新启动操作系统。一旦完成这些工作，我的设备就会完美地运行。我几乎可以想象到它们对我说："谢谢你的帮助，芭芭拉！

我们真的很想让你开心。我们是天才，但我们不能控制你的行为——你掌控着我们的行为。"

那么，我们如何重启我们的大脑？重启并不是什么智力活动。

你不能从哲学上去改变。你必须在经验和波动上去改变。所以，你需要以全新的方式去行动，给你的大脑重新布线。在每一个时刻，我们都选择去爱我们的大脑，作出爱的选择。

作出爱的选择如何能重启你的大脑

重启你自己和你的大脑意味着在思维、感觉和行为发生的时候，学会识别它们的习惯性模式，不断地为爱作出新的选择，这样就会重新设置你的程序，帮助你的大脑创造新的觉悟之路。

你要知道，你需要时时处处都进行重启。你不能简单地说："我将重启我对表达自我的恐惧，所以我现在宣布我要表达自己。我知道这种恐惧从哪里来，在儿童时期，我害怕讲话，我因讲话受到羞辱，现在我知道讲话是安全的。我今天在工作的时候尝试了，所以我现在已经转变了。"

你已经转变了——这是一次经历。你已经在自我表达和爱之间建立了新的神经联系，**一条新生的路径**。然而，第二天，当你和伴侣发生沟通困难时，你将会拥有另外一个这样的机会。在那之后的某天，当你的亲戚来拜访你的时候，你再次拥有一个机会进行练习。

你需要不断地重启你旧有的选择。在这种情况下进行重启，在那种情况下重启，在你累了的时候重启，在你不累的时候重启，在你害怕重启的时候重启，在你有勇气的时候重启——直到某个时候形成了新的程序并建立起新的电路。

你的程序不是由你过去的思维创造的，而是由实际的波动体验创造的。

因此，你不能通过思维来进行重新编程。

你必须用波动来获得编程。

要想重新给你的大脑布线，你需要全新、积极的波动体验。

你需要作出爱的选择。

还记得在本章之前提到过萨拉为了被爱，必须取悦每一个人吗？想象一下，萨拉决定对自己建立积极的思维，以此来改变自己为获得爱而进行表现的强迫模式。她不断地想："我本来就是这样可爱和完美。"这种积极的想法会让她在当下感觉良好，提升她的波动，并产生良好的整体效果。

然而，下一次萨拉走进某个情境，想要获得爱的体验时，连接"爱"和"表现"之间的神经通路会在她的大脑里被点燃，就像在交通高峰时间的高速公路一样。她将被这样的神经信息轰炸，她必须为获得爱去表现自己。她会开始讲笑话；她会赞美遇到的每一个人；她会感到紧张和焦虑，但不知道原因。

萨拉正对大脑中旧有的指令做出反应。她的大脑向她发送信息，就像智能手机上弹出的警告：**"紧急情况：你正处在需要爱和认可的环境中**。你必须表现！你必须让每个人都开心。"

她产生了某些积极的想法，想要覆盖当下的情景，但是旧有的神经习惯压倒了这些积极的想法，因为她一直是按照旧有程序运行。那么，萨拉该如何给她的情绪电路重新布线呢？答案是：

她不仅需要有新的、积极的思维，她还必须做出新的、积极的波动选择。

每当她遇到某人，选择做真实的自己，并因此得到认可时，她就创造了一条新的神经通路，上面写道："当我做真实自我的时候，我被爱着。**真实 = 爱**。"她并不是努力去相信这点。她有这样的体验，所以她的大脑就会发生改变。

我希望你对有机会重新给你的大脑布线感到兴奋。你如何才能做到这一点呢？你使用一种不可思议的新技术，确保能有效地重新给你的神经模式进行编程，并疗愈你的心：它就是爱！

*你作出选择，给自己足够的爱，改变你的做事方式，改变你的行为方式，改变你的交流方式，改变你的表达方式——这都是通过作出全新的选择完成的。

*你开始识别无效的模式，在每个时刻，你都做出新的、主动的、不同的选择。

例如：

你一直害怕表达自己的感受，所以你现在开始表达你的感受，并为自己的勇气感到自豪。

你一直害怕让人们看到真实的你，所以你现在开始以真面目示人。

你一直害怕不能自我牺牲，害怕不能取悦他人，所以你现在开始向别人表达自己的需求，并适时拒绝别人。

在不知不觉中，那些老旧的、被镂刻好的神经沟壑开始消失，它们曾经决定了你的言行方式，也决定了你对自己和人生的看法。实际上，你从内向外重塑了自我——从你大脑中的神经通路到你的思维和行为！

在本书的剩余部分，我将分享更多的实用方法来让你重启，并重新给你布线，创造全新的、积极的波动体验，这将给你的大脑和意识带来关于自身和这个世界的新信息。**这套新信息将真正地改变你的大脑，把你从过去的行为、旧有的反应和无益习惯的牢笼中解放出来。**

在你意识到这一点之前，神经系统里的这些"过去的经典"将不再在你的头脑中播放。请积极地去转变，并保持耐**心——你的大脑需要一些时间才能适应现实！**

通过不断地选择建立一个全新、觉醒的大脑。

爱是灵丹妙药。

——露易斯·海

今天，你吃了某种食物。你去了某个地方。你经历了某些事情。你被别人影响了。这些都是发生在你身上的事情。如果我问你："午餐吃沙拉的是你吗？你去那家药店里买了阿司匹林，那家药店是你吗？你在健身房举起的那个哑铃是你吗？你和你朋友聊天的内容是你吗？"你的回答会是："当然不是！怎么会问这样愚蠢的问题。**我经历了这些事情，这些事情发生在我身上。但它们不是我！**"

当然，你是对的。我们并不是发生在我们身上的事情。然而，我们中的许多人就是如此认同自己的，也是如此感觉的。

我们所有的人都在生活中遇到过可怕的事情。这就是我们所在的人类学校的现实，任何人都无法逃脱心碎、失去、悲伤或痛苦。大家都会遇到这些事情。这些事情可能催生了我们以上讨论的情绪和神经编程。**但它们不是你。**需要注意的是，我们在认知我们所处的位置，认知我们在宇宙课堂里发生的具有挑战性的事情时，我们并不是通过过去来定义自己。

你不是发生在你身上的事情。

你不是你的情绪编程。

你不是你大脑中的神经通道。

你不是你的情绪牢笼。

你是体验这些事情的心识。

你是通过人体形象所表达出来的宽广的爱。

我们让自己放下旧有的模式和情绪装扮，就像把我们曾经喜欢的衣服放在一边，因为它完全过时，不再合身。我们不会因为自己过去曾经喜欢这件衣服而责备自己。我们承认，它已经过时了，现在是放弃它的时候了。

别忘了：**你的情绪模式和程序不是好，也不是坏。它们只是过时和不必要的。认识到这点，并放下它们，没有责备，也不会内疚。让它们带着爱离开吧。**

每一次你作出爱的选择，并与你最高的存在保持一致，你将创造一个全新、积极的波动体验。一组新的神经元将开始同时放电，并互相连接在一起。当你雕刻出全新的神经通道时，这些更新了的信息将改变你的大脑，并重塑你对自己和现实的体验。你将发生脱胎换骨的转变。

这就是真正自由的开端：从过去的行为、旧有的反应、无益习惯的牢笼中解脱出来；从过去全面地迈向现在的自由；以及在生活中极大地获得爱和快乐的自由。

你现在思维的自我只是你过去的样子。

真正的自我是一块等待发掘的宝藏。

每时每刻，不断地去选择，通过爱，让我们的大脑觉醒，通过爱，让自己获得自由。

第二篇·心灵的根本疗愈

5 必要的舍弃

以其终不自为大，故能成其大。

——《道德经》

这里有一个偏远地区的捕猴人用机关诱捕猴子的故事。他们在玻璃罐里装上香蕉，藏在灌木丛中，等待猴子的到来。猴子看到后，想要获取香蕉，就把手伸进了罐子里。然而，当它试图拿出自己的手时，却做不到——因为它紧紧地握着香蕉。罐子的口太窄了，拿着香蕉的手出不来。

要把手从罐子里抽出来，猴子只需放开香蕉，可是它很固执，不肯放手。它紧紧抓住香蕉不放。捕猴人就是这样发现并捕捉猴子的。

大多数时候，当我们想作出爱的选择时，人们要求我们伸出手，去连接，去抓取。然而，在生活中，作出爱的选择并不是意味着选择去做某事，而是确定我们需要停止做某事——不是选择去抓取，而是选择放手。

我们需要作出舍弃的选择。

每个传承里的大师都在教导人们不断舍弃的路就是通向自由的路。舍弃是一种高级的修持。在迈向情绪和心灵自由之路时，如果我们遇到非常狭窄的通道，我们想要前进，但是我们抓取的东西太多——我们的自我、过往、骄傲、固执、责难、反抗或遗憾。想要一路畅通，进入我们获得觉醒和自由的入口处，我们需要舍弃这一大堆东西，但是我们却不想放手。我们心生不满："我不知道如何继续前进并且不失去过去的自我/模式/情绪/人际关系，因为我非常依赖它们。"——但是你必须舍弃它们。

毫无疑问，你曾经面临过很多需要舍弃的时刻——放弃一段关系、一份工作、一位朋友、一个家，或者放弃萦绕在心中的梦想。尽管这些舍弃可能是痛苦、艰难的，但我相信舍弃那些关于"自我"的无益之事更难。

在我们的灵魂之旅中，我们很多时候都需要臣服，需要奉献。

这并不是要求你舍弃外在的东西，而是要求你舍弃关于"自我"的一些东西：思维方式；自我模式；情绪习惯；挟持你的固执个性或立场；某个让你深陷其中、使你格局变小的信念；桎梏你的依赖感；某个你认识错误却念念不忘、向人诉说的过往故事。你应该舍弃这些东西，因为它们束缚了你。就像猴子和香蕉的故事，你紧紧抓住了某个东西，但是为了前行，你必须放手。

在这种情况下，人们非常容易产生恐惧。你在潜意识里对自己说："你知道你将必须放手，对吗？是时候放手了。

你将不得不面对它。你必须要改变。你不能再回避了。"

自我（你原来受限的部分）听到后，觉得受到威胁，大叫："我不想放弃它。"似乎觉得如果舍弃了，你某部分珍贵的东西便消失了。**"如果我放弃这种模式、这种身份、这种行为方式，如果我放弃试图控制一切的方式，放弃这种自我保护的方式，那么我是谁？离开这些，我会死的！"**当然，事实恰恰相反：固守这些东西，你将永远不会获得自由，你也不会有完整的生活，不会有完整的爱。**你得舍弃你的香蕉。**

舍弃是一个强大的词汇。我们通常把舍弃、放手和随之而来的损失联系起来，例如"他舍弃了他的权力"或"她被判舍弃对孩子的监护权"。我喜欢研究词源，以便更深入地挖掘单词背后的智慧，而"舍弃"是源于拉丁语词根"relinquere"，意思是"放在身后"，"抛弃"或"臣服"。"舍弃"意味着某种形式有意识的、主动的放弃或奉献——而不是被迫的、简单的或者不经意的放手。

例如，如果我和某人握手之后，松开了他的手，我不会说"我舍弃了他的手"。如果我掏出钱为我所买的东西付款。我不会说"我把钱舍弃给收银员了"。这种行为是如此简单，以至于很难准确描述。

舍弃不仅仅是放手：它是某种深刻的释放行为。其中有一个很重要的臣服因素。我们做出了一个感情上的选择，停

止抓取。

对于人生道路上的探索者，理解舍弃的意义为何如此重要？大家稍微思考一下：如果是和大多数人一样，你总会想弄清楚该去做什么、怎么做，以便获得更大的成功，或在亲密关系中更幸福，或者转变自己。你认为希求得越多，需要做的事情或者要抓取的就越多。请记住：万物皆备于我。既然万物皆备于我，但是你却没有过上如愿以偿的生活，这就意味着可能不是因为缺少了什么，而是因为抓取了太多才导致了问题！

这个观点很偏激，但事实就是如此。

你并不是因为有所欠缺才受到限制和约束。是因为你没有放下你应该舍弃的习惯、程序和模式，所以它们成了你获得自由的障碍。问题不在于抓取更多的东西。问题在于要放下更多的东西。不要问"我还要做什么？"而是问："我需要停止做什么？"

如果你在奔跑的时候想站住不动，你不需要做任何事——只需停止下来。你不需要再移动。如果你太忙了，想休息，你不需要做任何事，**只需要停止下来。**你必须停止承担任务，停止对每个人都说"是"。

因此，我们除了要做更多积极、扩展性和疗愈性的事情外，对于那些阻碍我们最高自我出现的事情，我们还要停止下来。

当我们停止控制、判断、隐藏、抵抗、操纵、伪装、不诚实、逃避、放纵、散乱、对抗，停止那些让我们波动、制造不和谐，让我们脱离最高存在的行为和内在选择，剩下的就是我们真实而美妙的自我！

爱是最好的学校，但是学费很高，家庭作业也很痛苦。

——黛安·阿克曼

本章的第一部分包含了"必要的舍弃"。对我们许多人来说，这正是我们的为难之处：**毕竟，什么对我们来说是如此不必要，以至于要舍弃它呢？对于"自我"而言，每一种模式、保护和投射都是完全有必要、非常关键的**。自我会坚持对意识之我说："我需要所有的一切。我需要通过愤怒表达我的力量。我需要筑墙将自己保护起来。我需要在情绪上保持警惕，这样我就不会再受到伤害了。"我们之前探讨你的大脑是如何连线，你的心相信你需要去建造所有的墙、程序和策略，以此获得别人的爱。但事实恰恰相反：

我们狭隘的自我认为对我们的情感生存绝对必要的东西，实际上不仅是不必要的，而且会阻碍我们，使我们远离真正的幸福、力量和成就。

也许你对此已经有所领悟。你已经开始决定舍弃你旧有的行为模式，你惊讶地发现，如果你不玩你惯常的游戏，不做你通常的选择，停止或者放下你对事物的期望，你就会实现全新的自我！我的学生斯蒂芬妮在最近的一封电子邮件中完美地阐释了这一点：

"上个月去我拜访我姐姐时，我打算与其努力表现得好一点——我总是试图表现得好一点，却总是失败——不如试着练习你教给我们的东西，放弃控制，放弃判断，放弃想改变她的感觉模式。我没有特意去多爱，没有特意显得更有觉悟。我只是像你建议的那样，坚持不去做我通常所做的事情。我没有给她提建议。对于她可以改进的地方，我没有不断地给她'鼓励'。

"我承认，我一直这样吓唬我自己：'如果我放弃这些习惯或模式，我将一无所有！我就应该这样。我应该去改变别人。否则，我就不知道如何与我姐姐或其他人相处。'但我错了。

"当我停止做那些对我无益的事情时，一个全新的自我似乎就展现出来了，那个'我'正在等待各种杂物被清理，这样它就可以露面。**实际上，我姐姐还问我是不是在服用某种药物或镇静剂，因为她从来没有看到过我这么成熟！我告诉她我没服用任何药物，而且我已经摆脱了对旧有模式的依赖。谁知道我的真实自我是如此充满爱意，如此平和？"**

你可能看不到通过"有为"和"无为"的方式改进自我

的区别，实际上，这两者的区别非常大。当我们舍弃对所执之事的行动时，我们的内在就会出现某种臣服。斯蒂芬妮非常执着于改变她的姐姐，执着于自己的正确性，执着于自己的控制欲。当她决定放弃的时候，她的"无为"为她打开了一个强大的出口，爱和富足的心灵从中流进她的人格，流向世界。

学会清空：
你需要放下什么才能让自己获得自由？

> 真理的获得与淘金相同，黄金并不是自己生长，而是靠洗去一切非金的杂质而获得。
>
> ——列夫·托尔斯泰

我一直是一个贪婪的学习者。当我长大了，开始正式的内在的学习时，我突然意识到，尽管我还需要学习很多东西，但我也需要清空很多东西。清空是一种必要的舍弃，也是真正转变的必要组成部分。

清空是一种强大而重要的舍弃形式。我们常常用我们学到的和知道的东西来定义自己。事实上，很多时候，我们最大的胜利和个人成就存在于我们已经"清空"的事情中。

当你想把家具重新油漆一下，或者重新粉刷斑驳的旧墙壁时，你需要把现有的油漆剥掉，这样新的涂层才会粘住。

你把自己不想要的东西刮掉，打磨干净，新的油漆才会附着在表面，均匀地覆盖每个地方。**清空就像从我们的意识中剥离旧有的理解，这样我们所获得的新启示和觉悟才能够"粘住"。**

你不能简单地把新的启示和智慧贴在你过去受到局限的心识上。你不能简单地用新的行为来掩盖旧的模式，并期望它们能够粘住。它们会被旧有的东西所损坏。当你在学习新的、扩展性的思维和运作方式时，你必须学会清空。

在这一章的后面，我给你们介绍了一些"爱的选择重新校准问题"，这些问题可以帮助列出你可能需要清空的东西。

以下这几个例子，我们许多人都可以进行参考：

清空我们持续的焦虑状态，这种焦虑往往是由于忽视或避免我们需要面对的不愉快的情况或感觉而造成的。

清空我们把别人推开，把爱和亲密关系拒之门外的方式。

清空我们习惯性评判自己和他人的所有方式。

清空那些我们每天强加于自身却注定失败的"应做之事"。

清空让我们产生波动回放的旧程序。

清空我们对真实的恐惧，让我们真正的自我脱下面具现身。

清空总是以牺牲自尊为代价去取悦所有人的习惯。

清空向别人隐藏我们真实感情的模式。

清空我们与人周旋，并试图控制他们对我们的看法，最终牺牲我们人格的行为方式。

清空是我们许多人从未考虑过的概念。相反，我们会想："我学到了什么？我得到了什么？我完成了什么？"**我想说的是，也许在你的清空之中，在你的无为之中，在你所舍弃的事物之中，正蕴藏着你最伟大的成就。**

真正的学习实际上总是包含某些清空。清空的过程并不像学习的经历那样明显可见。然而，在清空的过程中，你为更多的智慧留出了空间，你为更多的洞见创造了空间，你为更多的爱创造了空间。**因此，清空的选择就是爱的选择。**

我们不断清空关于自身的虚妄，最后重新学习并回想起心识奇妙而独特的表达，而这种表达一直被我们所遗忘。

打破你的保护模式

人在重塑这个世界的过程中，也必定会重塑自身。每一次力量的获得都需要有所牺牲。

——菲尔·海因

在最近一次去印度的旅行中，我在位于泰米尔纳德邦南部名叫贡伯戈讷姆的小村庄经历了一件非常有意义的事情。该城镇以制作印度教和佛教的青铜神像闻名于世。我在村里遇到的工匠都是8世纪到13世纪印度著名青铜铸造学校学员的后裔。我的家里摆满了这些物品，我知道我从加州买回来的若干物件就是在这个古老的小镇制作的，所以来到这个地方我很兴奋。

青铜铸造是一种代代相传的独特技艺。看到这些自豪的艺术家，想到他们的父亲、祖父、曾祖父以及所有男性家庭成员都生活在同一地区，实践着同样的工艺，这让我非常感动。他们非常热情，向我们展示这些精美的工艺品是如何制作完成的，我们兴致勃勃的态度也让他们很开心，因为大多数游客只会停下，买一些东西，然后离开，不会去欣赏村民高超的技艺。

制作青铜雕像的第一步是做一个蜡制模型。这需要极大的耐心和精确度，工匠们用一种加热的特殊锉刀刻画出印度教和佛教神祇精致的形态和特征，然后将胳膊和腿之类的部位组合在一起，最终完成造像。他们将一层又一层的特殊黏土涂在造像上，形成了完全包裹着蜡模的模具。接着，他们将完工的模具放在露天的炉子里进行加热，黏土经过烘烤变得硬化，里面的蜡模融化，并从底下的小洞流出来，最后剩下的是中空的黏土模具，它是原始雕像完美的复制品。

然后，他们对青铜合金进行浇铸。黏土模具和金属至少被加热到980℃，直到它们变红为止。中空的模具被放置在土坑里固定，然后将熔化的青铜从上面倒进准备好的黏土模具里，填满它的每一部分。这个精美的金属雕像在黏土容器里硬化、冷却。

下面是我最喜欢的精彩部分。**工匠们必须用锤子把覆盖的黏土敲破、打掉，才能将完工的雕像从中取出来。**将模具敲破，让雕像从中脱出是一种非常特殊的工作，因为工匠们认为雕像是非常神圣的东西。他们等到金属完全冷却、硬化，才开始敲打，打碎黏土模具。当青铜雕像完全从黏土模具中脱出之后，就可以对它进行清洗和抛光。

我看着这些虔诚的工匠盘腿坐在地上，就像几个世纪以来代代相传的那样，为了让里面的神像脱胎而出，他们一遍又一遍地用铁锤敲打坚硬的黏土模。**他们解释说，一方面，他们必须非常用力，才能敲破这个非常坚硬的模具；另一方面，他们要非常小心，不要破坏或划伤即将现身的美丽青铜雕像。**

就在那一刻，我意识到自己看到了一些具有深刻象征意义的东西，并得到了一份珍贵的智慧礼物：我们的保护变成了我们的监狱，我们必须拆除它们。这正是我们每个人必须对自己做的事情，用来彰显我们最高的智慧和爱。

我们最初用来保护自己的心理和情绪之墙、路障和各种障碍最终变成了禁锢我们的东西。现在，为了自由，我们必须放弃它们，拆除那些我们曾经精心建造的东西，因为我们知道它们不再为我们服务。我们必须打破旧有的恐惧和无意识模具，这些模具一直保护着我们的模式完整无缺，打破它

们，我们内心最高存在的神圣光辉才能显现出来。

在我们个人转变的过程中，在我们年轻的时候，曾经保护我们安全，让我们感到充满力量的模式所形成的坚硬外壳已经不再需要了。一些美好的东西正等着我们去发现，但我们首先需要放弃那些一直覆盖在上面的习惯和行为"模具"。**我们真正的神圣自我在内心不断地巩固和固化，就像铜像一样，旧的、泥泞的覆盖物需要被打碎。**

舍弃我们旧有的保护并不是很有趣。这需要进行艰苦的工作，如同工匠们在坚硬的黏土模具上辛勤地敲打。然而，移除模具只是为接下来的事情做准备，一旦我们舍弃了阻碍我们前进的东西，更多的爱、愿景、创造力和平静就会自动地流出。

就像拆除大坝之后，水流涌入，就像窗帘卷起之后，光线透窗而入，所以舍弃具有无畏的力量，创造出空间，让爱、智慧、启示和不可思议的恩典滔滔不绝地流进来。

在自然界，我们有许多这样的例子，揭示了"破除之后方能新生"的范式：小鸡啄破蛋壳，方能出生；果实撕裂花蕾，方能生长；蝴蝶破茧之后，方能出生。当你来到这个世界上，你也必须先从子宫里挣脱出来。自然界的生长往往是激烈，甚至是暴力的，通常情况下，某一事物毁灭、瓦解或发生了根本性的变化，然后，更宏伟的事物才能产生。

也许当你在自我探索的道路上成长时，你经历了许多因自己的行为带来的束缚和禁锢，它们需要被移除。也许你感到一种内在的压力，因为你内在的新意识正在抵抗旧有的模式，渴望突破和挣脱。不要因为这样的抵抗或不适而恐惧，认为不对劲。

对抗过去是重生的必要条件。你真实的自我在不断扩张，要求出生、露面，并融进你生活的各个层面。这是智慧在工作。它反对无知，每一次新的启示都打破了它坚硬的外壳。不断敲打，让它开裂，不要停止。某些精美的东西正期待露面。

就像印度的能工巧匠小心、沉稳地凿开泥模，让闪闪发光的铜像脱胎而出一样，作为探索者，我们必须精进、坚韧、耐心——而且总是带着爱——剥去那些老旧、坚硬的保护，它们遮蔽了我们本有的神圣光彩。我们必须舍弃那些不必要的东西，让自己获得解脱。这样我们才能光明闪耀。

现在，或者等你有空时，花点时间，列出一些你需要舍弃和清空的事物，以及那些曾经阻碍你前进的模式或情境。这些"爱的选择重新校准问题"将协助你专注于获得的启示。仅仅是阐明这些发现就是清空的开端，也是放下的第一步！

不要忘记列出一些你已经清空的事物。请让自己真正惊叹于这份清单的长度和深度，惊叹于在此生你的灵魂已经获得的提升。

爱的选择重新校准问题

有关舍弃

在接下来的旅程中，我需要舍弃什么？

是什么压垮了我，让我更难以前进？

什么是我需要清空的？

哪些是我已经清空的？

我需要放下什么才能获得自由？

把自己从痛苦中解脱出来

我们彻底清空自己，天主才能充满我们。如果我们已经塞满，它就无法充满我们。

——特蕾莎修女

在疗愈心灵时，我们所面临的一个最困难的挑战就是要舍弃因相信受到伤害而生起的愤怒，并卸下因沉湎于过去的痛苦而带来的负担，这样我们才能在当下具有完整的爱。

责难和痛苦带来的负担是沉重的，它们损耗了我们的能量，使我们的心灵和能量场粗重、坚固。有时候，它们对那些想进入我们心灵的人充满危险。它们冲淡了我们纯真的爱。当我们试图付出爱、表达亲近关系或关怀时，它们会带来烦扰。它们每天都在剥夺我们的快乐。

过去的无数经历给我们所有人带来了愤怒、责备、怨恨和痛苦。我们没有人能够避免这些宇宙课程。我们没有人能摆脱那些伤害我们心灵、失去对这个世界的信任、让我们充满绝望的事情。

我们之前说过，因为过去的伤痛，我们在自己的内心筑起了一道防护墙。对于这些波动的堡垒来说，某些情绪——愤怒、责备、痛苦和怨恨是特别坚固的砖块。即使我们内心某处试图让我们相信，这些感觉能让我们变得强大，实际上并非如此，它们是诱惑我们入狱的狱卒。

打开监狱大门的钥匙是什么？是一种特别的、高级的舍弃：宽恕。

宽恕是一种特别困难，但却勇敢的舍弃行为。当我们用"爱的选择"哲学来思考宽恕时，我们意识到宽恕是发生在你内心的事情，它首先影响到的人就是你自己。当你需要疗愈时，宽恕是你在认识上最重要的转变之一。

我们将宽恕看成是你给别人的一份礼物，但更重要的是，它是你给自己的一份礼物，让你从自责和痛苦的监狱中释放出来。你把自己从过去中解放出来。为了你的自由，你把宽恕还给自己，你宽恕。

宽恕并不意味着发生在你身上的一切都是对的。宽恕并不意味着它没有严重伤害你，或者它没有错。你会时常反思你的过错。**然而，对宽恕更高层次的理解是，你是在"为自己付出——你是在让过去归位"。**

当然，"自我"会强烈地反对这个想法。它的理由是，坚守指责和愤怒，表明我们是强大的。"我对那个人非常生气。我永远不会原谅他们。我对他们一点慈悲都没有。我要永远为这件事生气，直到我死的那一天！"显然，有些人伤害了你，你不想和他们有任何关系。然而，继续重复指责和让自己痛苦并不会真正伤害他们，特别是当他们不知道你的感受时。这只是在伤害你自己。

当我们抓住责备和痛苦不放时，我们在心中制造了波动的巨石，阻止了爱的流出和流入。那些愤怒、责备和痛苦的巨石不能让我们感受到属于我们的快乐。它们让我们无法以应有的方式付出或接受。**它们创造了牢固的大坝，破坏了我们的幸福。**

另一种描述愤怒和责备的方式是利用火的比喻。当某人做了一些伤害或可怕的事情时，我们的愤怒就会爆发，不是吗？它就像一团火在你体内爆炸。然而，所有的火都需要燃料。当燃料耗尽时，火就会开始熄灭。所以当火灾发生时，英勇的消防员冒着生命危险清理灌木丛并砍倒树木，以减少大火所需的燃料。

最初，当你受到伤害或虐待时，它就会给你的怒火添加燃料。然而，在某种程度上，那件事或那段关系已经结束了。

时间已经流逝。是的，你心里的焦土还在那里，但是现在没有任何东西能让它燃烧起来。

这就是我们许多人陷入困境的地方：**为了让痛苦之火继续燃烧，你必须不断地给它加油，不断地助长责备之火。怎么去加油呢？**

你一遍又一遍地在脑海中重播发生的事情，这样你就可以保持愤怒。

你对发生了什么以及它有多可怕喋喋不休。

你通过闲聊讲述你的故事，并试图让别人参与到你的愤怒中，从而对他人产生负面影响。

这并不是说如果上周发生了什么痛苦的事，你应该原谅并释怀。此外，我们中的许多人不让自己痊愈，让过去的事情成为创伤的记忆，**我们陷入了反复伤害自己的陷阱，但是记忆并不是真正的创伤。我们就像情绪纵火犯，一次又一次地重燃旧火，不让过去成为过去，不让我们的大脑重新布线。让怒火保持燃烧的状态需要大量的能量和生命力。**

心碎之后放手，我们就不会恢复到从前的状态。我开始相信，我们不应该恢复到从前的状态，也不应该"掩盖"我们所经历的痛苦，而是应该明白，这些教训和损失确实能给我们的内心造成一些创伤。

必要的舍弃并不意味着让我们崩溃，而是要让我们敞开。

我们将永远记住自己经受的考验和风暴。然而，对于那些剥夺我们在生活中寻找快乐的事情，我们不应该投入精力。我们站起来，认识到对发生在我们身上的任何事情，优先的疗愈之法是作出爱的选择——爱在当下，爱我们生活中的人，爱我们正在学习的课程，爱现在正等着祝福我们。**爱是一条充满疗愈之光的河流，它冲掉了那些巨石，熄灭了过去痛苦的余烬。**

让你失去力量的愤怒、责备、怨恨和痛苦现在都失去了力量。真正的力量在宣告：

"任何发生在我身上的事情都不会剥夺我的快乐，也不会剥夺我选择去爱和热情生活的能力。**我不会让你或任何人做的任何事从我的心里偷走一丝感情。我要勇敢地去生活，去爱，带着一颗开放的心向前迈步。这是我的胜利。**"

> 当别人让你受苦时，那是因为他内心受了很大的痛苦，他的痛苦满溢出来了。
>
> ——一行禅师

作为人类，在生命中，我们试图向前迈进的方法之一就是给过去画上句号。为什么我们渴望结束？我们有时候渴望结束，是因为当我们与他人所处的情绪混乱状态没有按照预期得到清理，我们在前进的过程中就会感到不舒服。有时候，我们坚信，因为我们有着某种经历，如果我们不结束，就不能重新感受到对别人和自己的爱。有时候，我们想要结束，因为我们希望这一切都是在浪费，我们非常渴望和某人共度的时光给我们带来平静，对自己所承受的一切，我们选择原谅自己，而不会觉得它是一种浪费。

当我们意识到我们需要放弃期望，并希望与某人结束关系时，我们都会面临痛苦的时刻，因为这似乎是不可能的。在你的生活中，是否有这样一个人，你不可能与其结束关系？也许他们不愿意疗愈。也许他们无法超越已经发生的一切。也许你知道他们太顽固，无法疗愈。也许他们已经离你远去，不再能够与你促膝谈心。

人们需要勇气来面对自己，并为某些言行感到后悔，因为这些言行并非出自最深层、充满爱的自我。我希望你们在旅程中能找到这样的勇气，但遗憾的是，很多人永远不会。大多数人都不会在这一生中醒来——最后后悔都晚了——正如一行禅师所言，他们的痛苦溢出，并蔓延到世界。

有时候，作出爱的选择意味着理解别人在灵魂层面上遭受了如此多的痛苦——即使他们自己没有意识到——他们的痛苦以自私、无情、抛弃或残忍的形式蔓延到你身上。

当这个人是我们所爱的人——父母、爱人、孩子或朋友时，我们会感到特别困惑。我们的内心告诉自己，我们需要把事情带回到和谐与平衡的状态。我们想要原谅或被原谅。然而我们知道这是不可能的，现在不可能，也许永远也不可能。

在这些情况下，我们必须通过选择宽恕、慈悲和爱，在

自己的内心结束它。我们不能一直等待，希望在某个奇妙的时刻会发生奇迹般的疗愈。我们无法告诉自己，确信他们总有一天会看到光明，而在那之前，我们一直会陷入心碎之中。我们不能等到自己被人宽恕了之后才宽恕自己，也不能一直宽恕别人，等他们转变。

你能不能祝福自己，宽恕自己，释放自己，而不是等待别人给你救赎？

你从他们身上已经学到了东西，你能因此而感激吗？

你能让自己结束吗？

有人曾经与你共度一段时光，现在他离开了，不要为此悲伤；过去有些时候，事情不能如你所愿，也不要为此悲伤。如果我们在旅途中一无所获，这才是虚掷年华。

从仓库里将你爱的钻石拿出来

去考察一下最优秀、最有成就的人和民族，扪心自问，如果没有恶劣的气候和风暴，参天大树能否长成？无论是不幸还是外部阻力，各种仇恨、嫉妒、固执、不信任、冷酷、贪婪和暴力，难道这些不是有利的条件吗？没有这些条件，美德就不可能获得成就。

——尼采

曾经，我的一位学生非常执着于自己的苦难经历。和我们大多数人一样，考特尼过去经历过一些痛苦的事情，但她没有利用这些事情来激励自己，珍惜生命的每一分钟，而是执着于这些过去的经历，作为她不能爱、不能敞开自己、不想去感受的证据。不管在她身上发生了多少美妙的事情，她都会用不愉快的记忆作为武器来否定任何善良的出现。

一天早上，她参加了我的工作坊，我决定在房间里四处转转，让人们说出他们在生活中所经历的悲伤和痛苦。大家都站起来开始分享，很显然，人人都不能幸免，大家都经历过失去、困境和心碎。以下是他们讲述的部分内容：

我弟弟在 9 岁的时候，被一名酒驾的司机开车撞死了。

在我上大学的时候，一种罕见的病毒使我失去了大部分的听力能力。

我的女儿 / 父亲 / 母亲 / 配偶死于癌症。

我丈夫与我的闺蜜偷情，并且离开了我。

我父亲抛弃了我母亲，我们靠救济生活了好几年。

我小时候被我叔叔猥亵，当我告诉我妈妈时，她警告我不要讲出去。

我的生意伙伴偷了我的钱，我不得不宣布破产。

我购置的房子具有未知的有毒霉菌，我因此病倒，终生残疾。

我的父亲是个酒鬼，他用语言和身体暴力虐待妻子儿女。

一位嫉妒我的同事在行业圈中散布关于我的谣言，导致我失去了大部分生意，并卷入了一场为期五年的诉讼。

我的儿子是一名优等生，也是一个完美的孩子，但他吸毒成瘾，并三次接受康复治疗。

直到我十多岁的时候，我的父母才告诉我，我是被领养的。

女儿出生后，我患上了纤维肌痛综合征，生活在慢性疼痛中。

我前妻对止痛药上瘾了，我不得不为孩子的监护权与她进行抗争。

我妈妈患老年痴呆症已经 15 年了，她认不出我们，我和爸爸不得不把她送进一家特殊机构。

听完这一长串人间的苦难，包括考特尼在内，所有人都留下了慈悲的泪水。我并不是为了她，而是为了所有人，才要求大家分享。

这样的分享疗愈了我们的心灵，让我们知道试炼和考验并不是我们所独有的，即使在人生旅途中最绝望的时刻，我们也不是独自行走。

听完大家的分享，考特尼立刻改变了看法。"这改变了我的人生，"她坦率地说，"你们分享自己痛苦的勇气把我从自我沉湎和愤懑的深渊中高举起来。**我感到很震惊，我居然将自己的痛苦看得如此特别。**"

包括我自己在内的所有人都有自己的恐怖故事，被人背叛过，有被人不公平地对待过，还有我们对宇宙的感受，这一切必然使我们受苦。在这些悲伤的故事中，其中一些肯定比另外一些更恐怖，我们大多数人都认识比我们境遇更好的人，也认识比我们境遇更糟的人。我相信，我从未遇到过一个人，他没有遭遇任何严重的逆境。

我们中的许多人理所当然地觉得自己受到伤害，被人背叛，我的学生考特尼就是如此。当某人似乎在拒绝我们爱的礼物时，给我们带来的伤痛通常是最深刻，并且最难以疗愈的。然而，我们必须记住这个事实：**用你的痛苦作为借口把自己封闭起来，把你的爱锁在内心的仓库里，这是错误的**。虽然别人曾剥夺你信任、纯真和快乐的能力，但是，当他们不在你身边的时候，你依然让他们这样做，还让他们剥夺你，那么他们就打败了你。不要用你的痛苦和失望作为借口来关闭你的心，不再去爱，要把它们作为你固守爱的理由。

我们都是劫后余生之人。

每个人都曾经历重大的损失。

有些人失去了孩子。

有些人失去了爱。

有些人失去了健康。

有些人失去了金钱。

有些人失去了梦想。

有些人失去了希望。

我们不能躲在我们的损失或故事后面，骄傲地挥舞着我们苦难的旗帜，似乎我们的苦难更独特，以之作为借口，不全身心去投入生活和爱。

我们必须把所有的损失都堆成一堆，胜利地登上顶点，然后欢呼："看，我爬了多高，走了多远！"

我清楚地记得 50 多年前，我那颗纯真的心第一次被深深地伤透了！人们如此残忍，如此不诚实，这让我惊恐。**然而，苦难并没有让我觉得应该少爱一些，反而让我下定决心要更多地去爱**。对我来说，显而易见的是，这个世界需要更多的爱，那个对我残暴的年轻人就说明了这点，这也是我无论如何都要献身于爱的原因。这是我认识的开端，在每个时刻，我都可以选择为这个星球作出贡献，不管我的贡献多么微小，都可以为改变这个星球尽自己的一份力。

回想那些不欣赏你所付出的爱的人，就是不尊重你自己的爱。

回想过去不爱你的人，其实就是不爱自己。

如果你的爱没有被别人接受，那并不意味着你应该把爱锁起来。

如果你的付出没有得到充分的赏识，这并不意味着你应该停止付出。

你应该反思这份深刻的爱的选择，并且去实践它。当你以失败的姿态继续回顾那些不珍惜你的爱的人，你就是在不尊重自己的付出。当你继续怨恨那些没有看到你、没有爱你、不能接受你的人时，你就是那个不能接受自己的人。相反，你应该选择胜利，不要让这些事情夺走你今天的爱。

有人不知道你是钻石，并不意味着你变成了假钻石。你还是真钻石。有见识的人会认识到这一点，珍惜这一点，尊重这一点。把爱的钻石从你心中的仓库取出来。把它们擦亮。有人在等着接收它们。

你是否经历过心灵或情绪上的罢工？

有时候我们会错误地认为我们有权利不去爱，因为我们已经经历了很多困难。这就好像我们在对更高的力量说："对不起，你看到这张脸了吗？这不是一张快乐的脸。我对事态的发展很生气，所以我罢工了。什么？你想让我爱你？算了吧——你不会看到任何爱的，因为我对这种情况不满意，我对你也不满意！"

我把这叫作"正式宣布自己不快乐"，就像有人说："我正式宣布去竞选州长。"我认识很多人，他们走到哪里都会正式地向他们遇到的所有人表达自己的不快，不一定是用言语，也可能是用波动和情绪。他们清楚地表明，他们对生活、对人类、对宇宙万物都感到失望。

如果你在失望中徘徊，当人们走进你的能量场时，他们

就会察觉到。他们会觉得自己掉进了一个失望的污水池。"我对我的母亲感到失望，我对我的丈夫感到失望，我对我的商业伙伴感到失望，我可能也会对你感到失望！"

这种与爱隔绝的姿态会让我们窒息。这种决定继续罢工并宣布我们不快乐的立场只会把我们拖垮。猜猜它还会带来什么后果？它会让我们期盼已久的美好事物姗姗来迟，因为我们酝酿的大量失望会阻碍自身的接受能力。

* 我们不能，也不应该仅仅因为对现状不满就放弃爱的选择。

* 我们不能仅仅因为心已经破碎，付出得不到赏识，努力被忽视、被抛弃，就放弃爱的选择。

* 即使我们对工作中的事、生活中的人或整个世界感到不安，并觉得自己有权利不去爱，我们也不能放弃爱的选择。

爱不惩罚，不退缩，也不报复。

它不会罢工。

爱别无选择，只能不断地流动，不断地寻找出口，谦卑地奉献自己。

你能如实地观察生活中的人，不以过去的眼光，而是从当下的角度去看他们吗？你能以全新的态度爱别人，不用他过去的失误来惩罚现在的他吗？这就是爱的选择。

很久以前，我决定采取这个立场，选择爱。我决定无论如何都要与爱的波动保持联系，我认识到爱是让我通向真理、力量和自由的命脉。自从我正式宣布对爱的忠诚，它就从未抛弃过我。

你给我自由，我也给你自由：
当你别无选择只能放下的时候

总有一些时候，我们会有空虚和疏离感。这样的时刻是最令人向往的，因为这意味着灵魂已抛下锚，驶向远方。这就是放下——旧的已经过去，新的还没有到来。如果你害怕，这样的状态可能会让你感到痛苦，但其实没什么好害怕的。记住如下的指导：无论你遭遇到什么——都要超越它。

——斯里·尼萨迦达塔·玛哈拉吉

在我们的生命中，有些时候，尽管我们尽了最大、最真诚的努力，我们仍然无力改变发生在我们身上的事情。我们会经历一些我们不想经历的事情。在那一刻，我们有两个选择：

选择1：我们可以憎恨我们正在经历的，抗拒我们正在经历的，感觉被我们正在经历的事情伤害、吓倒、击垮。这样，我们就等于对现实宣战。

选择2：我们可以带着尽可能多的力量、尊严、毅力和意识走完这段旅程。我们可以作出爱的选择。

通常，度过这些不想要的折磨的唯一方法就是臣服，爱的选择就是选择放下。

这里有一则我自己带着爱放下的故事。

1991 年，在我 40 岁生日的前几个月里，我反复做着一个梦，梦见一只漂亮的白狗用一双棕色的眼睛盯着我。我从未拥有过动物伙伴，但当我开始做这样的梦时，我知道这只狗在呼唤我，我应该设法找到它。几个月后，我找到了它。它是一只比熊犬，我给他起名叫"碧珠"，它成为我的第一个"孩子"，是我最珍惜的伴侣，是我的真爱。

碧珠是一只奇妙而独特的存在。种种直觉告诉我，长久以来，它一直都是内在导师和治疗师，但在最近却变得精疲力竭，需要"被人照顾"着生活。然而，它仍然想为人服务。所以它选择以狗的身体投生，它选择了我——它深爱的老相识，它知道和我在一起，就可以满足它的这两种需求。

碧珠的非凡之处在于它根本没有狗的能量。它会参加我的研讨会，走上台阶，躺下，在我讲课的时候静静地看着我。当我要求人们闭上眼睛进行观想时，碧珠也会闭上眼睛。当人们完成观想进行分享时，它会睁开眼睛，在房间里走来走去。如果有人流眼泪，它就会找到那个人，爬到他的膝盖上。

每次我在家里摆好圣坛，碧珠都会走进来，在圣坛前礼拜，我离开之后，它会闭着眼睛，在圣坛前躺一个小时左右。当我在家中任何地方坐下来祈祷、冥想或诵经的时候，碧珠都会跑过来，跳到椅子或床上参与其中。

碧珠在 11 周大的时候就和我在一起，从那时候起，我就在灵魂深处认出了它，它是一个我深爱了很久的人。这种神秘的爱完全出乎我的意料，因为在我之前的生活中，我与狗相处的时间没超过几分钟。就在第一次遇到它的时候，我记得我心里想："我害怕和它分离的那个恐怖时刻。"在接下来的 17 年里，我发现自己每天都在想：**"怎么可能呢？我怎么知道它什么时候准备离开？它会安排一个轻松的离别吗？我需要协助它吗？到时候会发生什么？没有它，我怎么活下去？"**

我和碧珠的快乐和感情持续了多年，随着它开始变老，成为一只"高龄狗"，我的焦虑变得更加明显。幸运的是，它没有生病，但是它的视力和听力都衰退了，它的臀部也退化了，最终走路都非常困难。我把它放到婴儿车里推着，带着它去任何地方，包括在家里上下楼梯。随着它的健康不断出现新状况，我的心变得越来越沉重，但我还是感谢它，即使在我感到不舒服的时候，它仍然陪在我身边。虽然它的身体在衰老，但它的心灵依然焕发着光彩。

在一次定期的体检中，碧珠的兽医告诉我，尽管碧珠年事已高，但它在其他方面非常健康，兽医认为它不会自然死亡，可能需要我帮助它离开它的身体。这个时刻是我近 20 年来一直在思考和害怕面对的时刻。我开始祈祷我能知道什么时候是合适的时间，但我害怕自己会被悲伤淹没，我会拖延，碧珠会受苦。我确信它会有尊严地离开，但是它会在完成所有承诺的工作之后才离开。我知道它承诺的最后一份工作就是让我做好放下的准备。

我们一直有着深刻的心理连接和沟通，现在我开始问："**亲爱的，你想什么时候离开。我不知道没有你我该怎么办，但我不想让你受苦。**"碧珠总是充满爱意地盯着我，温柔地舔着我的手，然后把它小小的白脑袋放在我的胳膊或者肩膀上，好像在说："我会离开……但现在还不是时候。"

碧珠的 17 岁生日到了，虽然我很感激它还活着，能让我们一起庆祝，但我能感觉到一些明显不同的地方。它似乎离我很远，在一个很深的地方，我知道它正在准备离开这个世界，准备让我过着没有它的生活。每次我要外出教学或演讲时，都很害怕自己不在的时候会发生什么。

几个月过去了，有一次，我依依不舍地出城去参加一个研讨会。我把碧珠留给了它的"教母"艾莉森，它还是个婴儿的时候就认识她了，我每隔几个小时就打电话，害怕在我回家之前它就不行了。最后，我完成了教学任务，当我准备开车回家的时候，我的电话响了。

"我很高兴你马上要回来了，"艾莉森说，"碧珠看起来很激动：它一直在断断续续地哭泣，我有一种奇怪的感觉。"

我以最快的速度赶回家，冲进碧珠的房间。我永远也不会忘记接下来发生的事。碧珠一看见我，就猛地坐起来，目不转睛地盯着我的眼睛。然后，我听到一个清晰、平静的声音说：

"你给我自由，我也给你自由。**你给我自由，我也给你自由。**"

我知道碧珠并不是真的在说话，我听到的是我内心深处的声音，但这个声音是如此强烈，如此明确，我开始颤抖。这不是一种直觉的信息，也不是低声的指导。声音很大，就是它。

我不想听，但我知道我听到的是真实的声音。我知道我听到的不是我的幻想。这种声音并不是通过我的理智来传达，而是直接在我的心里，像一个响亮的宣言：你给我自由，我也给你自由！它想离开。**它准备好了。它告诉我，我也准备好了。**

我躺下，把碧珠抱在怀里，贴在胸前。它断断续续地呜咽着，但我知道它没有任何身体上的痛苦。碧珠平时非常专注和从容，现在我能感觉到它的紧迫感。它想离开自己的身体。它急着要飞。几个小时过去了，我终于问了一个我希望永远不会问的问题："什么时候？"同样地，我立刻听到了内心平静的声音："明天。"

整个晚上，我们都紧紧依偎在一起。我不敢相信这是最后的几个小时，在这段时间里，我可以抱着我可爱的碧珠，感觉到它的身体在我旁边呼吸。我希望这个珍贵的时刻永远持续下去。我决定把它一生的故事从头到尾讲给它听。我让它回想我们去过的每一个地方，我们玩过的每一场游戏，当我过于严肃的时候，它逗我笑的种种方式，还有每次它充当我的枕头，擦干我的眼泪的时候。我回忆起它是如何在我的电视广告中成为明星，吸引了 2 亿多人观看，全世界的观众看到它，写下留言说他们的心扉被打开了。

我感谢它在我写每一本书的漫长时光里坐在我身边，直到我完成任务才起身，它以纯粹的奉献陪伴着我，这给了我力量，让我成为传递智慧的通道。我向它讲述了它的伟大事迹，它光荣的一生，最重要的是，它如何神奇地教化了我的心灵，使我学会体验深刻的、无条件的爱。一直以来，我都能听到这样的声音，它就像一个持续不断的真言在我的心里波动，"你给我自由，我也给你自由。"

生命来到这个星球，最后离开这个星球，这是一场神圣的旅行，当我们向这些生命致敬时，这些来来往往的灵魂就会带着爱和敬意迈向它们的目的地。

17 年来，碧珠给我带来了难以想象的平静，我希望它能在平静中继续它的旅程。新的一天降临。我为它念诵了几个小时，从许多经典中为它诵读甚深的智慧。我创造了一个特别的休息空间，周围环绕着玫瑰花瓣和水晶。需要安抚的不是它，而是我，在它即将离开自己的身体时，它甚至给我献上最温柔的感

激之吻。"飞起来吧，我亲爱的。飞起来。"它离开时，我低声
对它说，"飞回光明之地。"它按照我说的做了。

放下碧珠是我这辈子所做的两件最艰难的事情之一。在
那 17 年里，我担心自己的某部分因为没有它而心碎，的确
如此。在那之后又过了 9 年，我每天还是会在某个时候哭泣。
我现在还在哭泣。

碧珠以许多神秘的方式和形式回到我身边。我曾经祈求
它在去世以后，以蜂鸟的形式向我显现，我已经记不清有多
少次看到蜂鸟用它们小小的嘴巴敲击我的窗户，在我面前几
英寸的地方盘旋几分钟，或者坐在窗台上盯着我。它在梦中
访问我，引导着我，我无法将此述之于语言。我曾经目睹过
它天使般的身体，毫无疑问，它是一个令人惊叹的男性存
在，并不是一只狗！

碧珠给我的真言继续改变着我。当时，我帮助它获得了
自由，它的去世确实让我摆脱了我不知道该怎么办的恐惧；
每当我离开它或看见它受苦时，我就会具有负罪感，它的去
世让我从负罪感中解脱；因为要照顾它，这给我的生活增加
了许多麻烦，它的去世，也让我从中摆脱出来。

随着时间的流逝，我明白了它的深刻含义。**它代表了我
们伟大"本我"的声音，我们伟大的爱渴望我们为它创造空
间，让它在我们的意识生命中充分展现。"你给我自由，我
也给你自由。把我从束缚中解放出来，"它召唤我们，"我就**

会把你们从一切束缚中解放出来。"

那天晚上，我帮助碧珠离开了它的肉体，我为它写了如下的纪念文：我的光，教会我去爱的老师，我的贤圣，以狗的身体向我显示古代觉悟的瑜伽士，安慰我，保护我，我的缪斯女神，我最忠实的伙伴和最好的朋友，尊严、勇气、恩典的化身，给予我喜悦、我神圣的礼物、我终极的祝福——快乐地飞回家，回到伟大的光明地，去获得解脱吧。我将终生爱着你，永远爱着你。

在人生这个神秘的旅途中跋涉时，像我们大多数人一样，像你们一样，在生活的所有层面，在无数的场合，我都面临着必要的，但是往往是痛苦的舍弃。我不得不舍弃我所爱的人，他们已经离开了这个世界。我不得不舍弃我所爱的人，他们走了与我不同的道路，或者由于嫉妒和背叛，我失去了他们。我不得不舍弃碧珠和我另外两只可爱的动物伙伴，因为它们已经完成了在地球上的使命，并在其他世界继续它们的旅程。我不得不舍弃青春、健康，以及用之不尽的时间。甚至在写这本书的过程中，我也遇到了一些意想不到的、令人心碎的、戏剧性的舍弃。

我不会假装享受这些放弃的经历。没有人会享受这样的经历。但我知道，就像青铜雕像需要经历烈火的锻造，然后舍弃不必要的外模，就像猴子需要放弃香蕉，才能避免被人抓捕的命运，所以，我们也需要舍弃，否则我们就会不断地被牵绊，不得自由。这就是通向觉醒的道路。

我放下了，我等待着，让自己准备好接受一份新的美妙恩典的馈赠，我相信，我知道它已经在向我走来，来填补我已经腾出来的空间。

爱总是整装待发，准备流向没有爱的地方。

我们的工作是舍弃道路上的障碍物，创造接受的空间。

放下你一直执取的东西，把手从罐子里拿出来。

里面没有你需要的东西。

满心欢喜，敲开包裹你华丽内在的外模，这样所有人就能欣赏到你华丽的内心。相信，然后放下。

6 无畏的慈悲：
带着融化的心去生活

世界是我们自身的一部分，而我们是整个痛苦的一部分。除非找到与世界分离的根源，否则我们就无法获得疗愈。

——卢埃林·沃恩 – 李

在人生的旅途中，我们会遇到很多苦难。我们会看到所爱的人受苦。当我们所爱的人让我们受苦时，我们感到震惊。我们会面临个人的挑战和考验，这让我们受苦。我们打开新闻时，会看到我们不认识的人遭受难以想象的痛苦。我们目睹各种凶残、暴力、灾难、恐怖主义和悲剧，它们使我们受苦。当我们对自己、对我们所爱的人、对爱我们的人、对整个人类感到失望时，我们就会感到痛苦。

面对这些情况，痛苦和折磨就让我们止步不前。我们不知道该如何去思考。我们不知道该如何前进。我们没有解决方案。我们的智慧、学习、转变能力有所欠缺。我们试图去解释或理解那些痛苦的事件或个人危机，但这种努力就像是无力的武器，面对着这场我们不希望发生的战斗，我们害怕自己无法取胜。**在这些时候，即使是至高的真理也无法抚慰心灵。**

* 当我们看着所爱的人自我毁灭时，仅仅提醒自己去相信他们具有最高存在是不够的。

　　* 当我们意识到自己犯了一个无法弥补的错误时，仅仅试图说服自己是神之子是不够的。

　　* 当我们听到一场可怕的悲剧、屠杀或不公时，仅仅试图说服自己生活中的每件事肯定都有目的是不够的。

　　所以我们只能问："**我应该坚持什么，才能度过这些苦难？**"答案是**慈悲**。

　　在我们生活中的某些时刻，除了处于一种慈悲的状态之外，没有任何其他的事情是有意义的。

　　在风暴、动荡和考验中，只有慈悲才能让我们浮在水面上。

　　当你必须面对这些情况的时候，你只能带着慈悲去面对，带着慈悲去生存，带着慈悲去理解。

　　这是本书最重要的内容之一，或许也是关于爱的最基本教导——要让爱占上风，你需要慈悲：

　　对这段神秘的人生旅程慈悲。

　　对你爱的和不爱的人慈悲。

　　对你认识的和不认识的人慈悲。

　　对那些对他们自己不慈悲的人慈悲。

　　对那些对你不慈悲的人慈悲。

　　甚至对你的仇敌慈悲。

　　在你感到无能为力的时候，请散发慈悲。

　　对所有地方遭受的苦难散发慈悲。

当然，还要对自己散发慈悲。

也许你在想："这听起来很棒，但我已经是一个非常具有慈悲心的人了。我试着对每个人都友善。我尽我所能去帮助别人。我为慈善捐款。我在教堂做义工。如果我的朋友需要帮助，我总是陪在他们身边。"关心他人、帮助他人、捐钱和志愿服务都是好事，当然，善良和奉献是值得称赞的，但它们是行动和做事的方式。慈悲超越了这些，与此不同，因为慈悲不是一个外在的行为或选择。慈悲是一种开放心灵的内在状态。

慈悲不是一种哲学；它不是一种态度；

它甚至不是一系列善良或体贴的行为。

它不是行动，它是一种存在。

真正的慈悲是某种崇高之爱的内在选择。

这种无畏的爱超越了我们自己的内心，无条件地拥抱他人的内心。

慈悲不是中立的，它并不是在那里旁观。它不是一种想法，而是一种体验。慈悲这个词起源于拉丁语 com（一起）+ passio（受苦）——一起受苦。我们敞开心扉去感受他人的痛苦。我们不会与别人的痛苦背道而驰，而是朝着它前进。我们不会因为害怕它伤害我们的心灵而回避它。**我们知道，在存在的最本质层面，我们的心已与每个人的心相连。我们选择用爱来包裹我们所看到的痛苦。**

我们中的许多人都是非常善良的人，但我们仍然不知道如何真正地对自己、他人或世界散发慈悲，尤其是在我们失控的情况下。当你在心里说："我放弃。我不理解。我不能做任何事。"然后你的心必须带着慈悲接手，它不是去行动或者修复，而是去完全地感受。

慈悲是什么？

慈悲是一种置身于痛苦之中的意愿，并将你的爱带入其中。

你感受到他人的伤口，你的伤口，甚至是这个世界的伤口，然后用爱去清洗它，因为那是你唯一能做的。

慈悲的灵性根源

慈悲比怜悯更伟大、更高尚。怜悯源于恐惧，还有一种傲慢和居高临下的感觉，有时甚至是一种"很高兴不是我"的沾沾自喜的感觉。因此，培养慈悲心，就是要知道所有的众生都是一样的，以相似的方式受苦，要尊重所有受苦的人，要知道你既不是独立的个体，也不优越于任何人。

——索甲仁波切

千百年来，所有的伟大经典都记载并教导慈悲。让我们来看看这些关于慈悲的古老教导。

"与喜乐的人要同乐；与哀哭的人要同哭。"你是否曾经和你爱的人坐在一起，见证他们流血的心，见证他们的痛苦，并为他们哭泣？他们的痛苦变成了你们的痛苦，而不知何故，在你以慈悲心去见证他们痛苦的时候，他们学会了更慈悲地对待自己。

"……免得身上分门别类，总要肢体彼此相顾。若一个肢体受苦，所有的肢体就一同受苦；若一个肢体得荣耀，所有的肢体就一同快乐。"你是否曾因听过关于某人的悲惨故事，或在电视上看到可怕的新闻报道，并因此而哭泣？你不认识受害者，但你觉得你好像认识，你的心真的因为他们的经历而受苦。

在佛教中，有关慈悲的最重要教法就是以观世音菩萨为代表，她被称为慈悲的化身。菩萨这个词意思是觉悟之人，菩萨发誓要为所有众生的觉悟而努力，不是仅仅为了自己，还要帮助其他人摆脱痛苦。**"观世音"的梵文是"Avalokiteshvara"（在汉语和日语中被称为"观世音"）翻译成"观察世界声音的人"或者"关注世界哭声的人"。**这位菩萨的誓愿就是聆听那些苦难众生的哀求、哭喊和伤心之事。

在犹太教中有一句美丽的短语，我觉得它也体现了对慈悲的深入理解："l'hishtatef b'tsa'ar"翻译出来就是"参与到他人的悲伤中"。参与到悲伤中是什么意思？它的意思是不要抗拒它，将自己向它敞开。当你慰问某个失去亲人的家庭或个人时，你的目的只是和他们在一起，倾听他们，用爱拥抱他们，勇敢地分享他们的悲伤。

所有这些关于慈悲的教导都有一个共同点。**它们把慈悲作为一种爱的选择，而不是一种修复的选择。**

*圣经并不说："与喜乐的人要同乐；使哀哭的人平静。"

*观世音菩萨的定义是"关注世上哭声的人"，而不是"拯救世上哀哭的人"。

*"l 'hishtatef b 'tsa 'ar"的翻译是"参与到他人的悲伤中"，而不是"修复他人的悲伤"。

这样，我们加深了对慈悲的理解，我们原本以为慈悲是："我在帮助你，为你感到难过，为你担心，帮助你进行调整。"相反，我们意识到慈悲产生于我们对最高形式爱的选择，这种爱是你我身上相同的宇宙本源能量，它们以各自的身份翩翩起舞。**慈悲从众生一体的认识中生起，它用单一的宇宙之线将爱编织在我们的人性中。**

慈悲是分离的融合，是对"小我"的超越，是对"大我"的臣服。

这是与我们共有的"世界之心"的融合。

它是一种愿意用爱把别人，甚至整个世界放在自己心里

的意愿。

从对众生一体的认识中，我们知道我们拥有一颗共同的心灵。这样，真正的慈悲时刻提醒我们，并更新我们与神性的联系。

慈悲见证的恩典

我不会问受伤的人感觉如何，我自己就是那个受伤的人。

——沃尔特·惠特曼

有一次，我听到一个寓言，讲的是一位母亲派年幼的女儿到外面办事的故事。这个女孩经常去路尽头的乡村商店，她妈妈知道她大概要走多久才能回来。但是过了很长时间，女孩还没有回来，母亲开始担心起来。

最后，女孩带着一袋妈妈吩咐她购买的蔬菜回家了。"谢天谢地，你回来了。我一直很着急。你怎么花了这么长时间？"她妈妈问。

"在去商店的路上，"女孩说，"我遇到一个小孩，她的洋娃娃坏了。"

"哦，现在我明白了，"她妈妈说，"所以你停下来帮她修洋娃娃。"

女孩抬起头，疑惑地看着妈妈，回答说："不，妈妈。

我停下来帮她哭。"

在人们痛苦的时候，以慈悲待之，尽力去爱他们，这是一项非常深刻而有力的行为。我称之为"慈悲的见证"。**我们不仅仅是身体在那里。我们的情感也在那里。**我们正在参与他人的经历——"参与到他人的悲伤中"——慈悲的见证对他们说："你并不是独自一个人在受苦，因此我也不是独自一个人在受苦。"

不管是什么样的经历，我们都希望被人见证。归属感和不被排斥的需求是古老而原始的，也是我们人类这个物种的本质。

人类自存在之初就相互依赖而生存。物质上对食物和住所的需求导致我们的祖先一起狩猎，一起采集食物，一起保护自己，但是人类的相互依赖并不仅限于此。它延伸到我们的心理生存和我们情感需求的深处——群体的归属感，相互联系，被人见证。

这种"融入"的渴望是我们许多社会仪式的基础，这些仪式围绕着成长的过程展开：出生、受洗、犹太成年礼、婚礼、毕业典礼、生日、周年纪念、退休派对，还有最后的追悼会。这些仪式本身很重要，当我们与自己关心的人共同参与时，它变得更有意义。**他们从身上散发出快乐、喜悦和爱的能量场融入到我们身上，加强了我们的情感体验，我们共**

有的快乐之波不断高涨。

当你在 5000 人的剧场里看到你最喜欢的歌手时，难道不比你独自在卧室里听音乐更兴奋吗？较之于独自坐在电视机前，和成千上万的球迷一起在体育馆里观看篮球或足球比赛难道不更令人激动吗？在这些情况下，你感到与更宏大的东西紧密相连，与你的归属紧密相连。

在面对困难的时候，被见证而不是被排斥这项人类的基本需求显得尤为重要。当我们受苦时，我们需要有人在那里爱我们，见证我们的脆弱、混乱和勇气——我们需要有人"帮助我们哭泣"。当我们感觉到别人在我们身边不做评判地接纳我们，就会发生某种深刻的事情。我们能够在感受和苦难之火中停留更长时间，进行必要的疗愈。

儿童本能地理解到这一点。"你能和我一起躺在床上直到我睡着吗？我怕黑。"这就是他们要求我们见证他们恐惧的方式。他们真正想说的是"我需要你帮助我感到安全，如果我不需要独自一人经历这些，我会感到更安全"。同样地，作为一个成年人，如果你正在经历困苦，但你知道你并不孤单，你会变得更加勇敢。有人心怀慈悲，目睹你的挣扎、心碎或悲伤。

"悲伤"这个词起源于拉丁语：gravare——"使沉重"和 gravis——"沉重的"。忧愁是沉重的，悲伤是沉重的。这是看待慈悲的另一种新方式：**我们帮助别人承受痛苦、悲**

恸或悲伤的重量，让他们更容易承受沉重的痛苦情绪。

他人对我们心灵的见证是一种神圣的人类体验。

当我们在苦苦挣扎的时候，特别需要别人的慈悲和接纳。

我们希望感受到我们在悲伤、悲恸甚至羞耻中并不孤独。

当有人愿意和我们一起感受痛苦时，我们就会感到被爱、被提升、被救赎，并能重新爱自己。

具有慈悲意味着我们作出选择，勇敢地带着深情和某人在一起，感受自己的感受，也感受他人的感受。那颗充满慈悲的心告诉他们：“你做得对。你会没事的。”

创伤不是发生在我们身上，创伤是在缺少同理心见证的情况下，我们内心所承受的感觉。

——彼得·A. 莱文

稍停片刻，注意：当你读到这些关于慈悲的文字时，是否开始感到有点儿忧郁或悲伤？你可能正在经历我在前一章中描述过的情感回放。我们很多人都有情感上的创伤和障碍，因为我们没有经历过来自家人或亲人的慈悲见证。当我们的父母或伴侣不能或不愿感受他们自己的痛苦时，他们通常也不能或不愿看到我们的痛苦。

缺乏安全感和慈悲会让我们陷入许多看不见的、感觉不到的情绪中，最终我们要么将情绪对所有人隐藏起来，要么

把它放进我们的"情绪冰箱"。对我们来说,这就是拥有慈悲的新体验变得如此有意义和必要的另一个原因。

学会对他人慈悲可以疗愈他们情感上看不见的旧伤,从他人那里获得慈悲可以疗愈我们过去的伤痛。

我们能做的最勇敢、最富有慈悲的事情就是对他人的痛苦直面以对,而不要视而不见。

超越对与错的慈悲

善待你遇到的每一个人,因为每一个人都在进行艰难的战斗。

——柏拉图

让我以亲身经历的故事告诉大家我的慈悲心深刻觉醒的过程。

许多年前,我和一位我深爱的人在一起,他做了一些可怕的事情,摧毁了我的精神,伤透了我的心。当那段可怕的经历结束后,我们开始努力修复我们的关系,重建信任。我们之间的噩梦结束了,我如释重负,但我发现自己无法摆脱对他曾经所做决定的强烈指责和评判。我非常爱他,也知道他爱我,但我无法停止把他想成一个有缺陷、混乱、犯错的人。我满脑子都是他的种种过错,唯一能想到的解决办法就是希望通过不断祈祷感受更多的爱。

一天早晨，我坐下来冥想，当我闭上眼睛时，我立刻感到一阵剧痛。熟悉的苦忧、愁悲和失望的浪潮席卷着我，我感觉自己陷入了无法逃脱的绝望之中。我开始哭泣，我心里再次想到，我之所以承受如此巨大的痛苦，都是因为我爱的这个人。我在脑海里想着他，觉得自己是多么爱他，于是我哭得更厉害了。

突然，我意识到我不仅是在感受自己的悲伤，不知道为什么，我也开始注意到他的悲伤。我的心已经打开了，我不再看着他，而是让自己充分地感受他。

我能感受到他很难接受自己，也很难接受自己所犯的错误。

我能感受到，当他觉得自己在许多方面都失败的时候，他根本不可能去爱自己。

我能感受到，他因为自己浪费了许多时光而深深悲伤。

我能感受到，面对自己远离最高的自我，他是多么的恐惧，他是多么的害怕自己再也找不到回来的路。

每次他看着我的眼睛，看到我眼中流露出来的痛苦，我就能感受到他是多么心碎。

我能感受到他对自己毫无慈悲之心。

在那一刻，我获得了一个改变人生的启示：我不是为自己哭，我是在为他哭。我不仅为自己受苦，我也一直在为他受苦。我不仅是为了我自己心碎，我也是为了他心碎。**我在**

为他身上美丽的光彩发生弯折而悲伤。

伴随着我所经历的痛苦和悲伤浪潮，我现在感受到恩典的浪潮涌动，冲洗着我。这是慈悲的恩典，在我曾经遭受苦难的地方，它用慈爱冲刷着我，我的心在之前只有黑暗，现在充满光明。

这种慈悲的恩典也立刻带来了理解的恩典。我明白，如果我不让自己对他产生慈悲，他也就不知道如何对自己慈悲。我意识到，因为对他的评判，我禁锢了自己，而我们在灵魂波动层面上是如此地紧密相连，这使他不能完全疗愈对自己的谴责。

最重要的是，我知道要作出爱的选择，我必须在自己的痛苦旁边为他的痛苦腾出空间。在我疗愈的旅途中所缺失的不是爱，而是慈悲的悲伤。

你能感受到那些让你受苦的人的痛苦吗？

你能为那些不能满足你需求的人哭泣吗？

你能感受到自己和别人的心灵吗？

这是慈悲的悲伤。

即使别人造成了我们的痛苦，慈悲的悲伤也要求我们在自己的痛苦旁边为他的痛苦腾出空间。

我知道你们也有各自心碎、失望和悲伤的故事。这些故事或许已经发生了，或许正在发生。想想那些给你带来很多痛苦的人。他们伤害了你。他们给你制造了困难。他们做出一些对你和你的生活有负面影响的事情。

你的第一直觉通常不是慈悲，而是评判。他们做错了。他们不够努力。他们犯了一个大错误。他们把事情搞砸了。这是我们切断自己感受慈悲能力的最常见方法之一——对于已经发生并停止的事情，我们陷入了理智上的是非判断之中，这样就没有给爱和慈悲留下空间。

当然，你所做的评判可能是准确的。它可能是事实：有人伤害自己，伤害别人，自我毁灭或犯错误，这将会有非常严重的后果。尽管如此，仅仅通过评判的眼睛去看他们，立刻就会竖起一道振动的隔离墙，切断了爱的流动。

我所称的"慈悲的悲伤"抵消了评判所带来的破坏性影响，保护我们免于陷入"是非之争"的无情牢狱。当我们没有丝毫慈悲心去评判我们所爱的人时，很自然地，我们会有一种感觉，认为有些事情不对劲，需要我们去纠正。而不是想："天啊，这对他们来说一定很艰难。我需要更多的慈悲。我需要更多的理解。"相反，我们得出结论说："这是错误的，我要么谴责它，要么惩罚它，要么把它指出来，要么纠正它。"然后我们变成了法官、惩罚者或救助者，而不是爱人、朋友或父母。

一边评判别人，一边全心地去爱他们，很难。

对他人缺少慈悲蒙蔽了我们看见更高真理的眼睛，并将我们束缚在僵化的评判之中。你对别人的投射"冻结"了他们，让他们成为你意识中的固定模式。没有慈悲，你就不会看到他们的多面性。你只是觉得他们让你失望，伤害你，或者没有达到你的期望，或者让你感到压力。你把他们放进"情感屏蔽罩"中。

当然，具有讽刺意味的是，当我们试图"修正"那些人时，我们的"有益的判断"在他们身上引起很多不良反应，因为我们认为他们是"不对的"或"破碎的"，即使我们本意并非如此。

我们这样热衷于帮助人，疗愈人，修正人，照顾人——我们觉得自己擅长做这些，并为此感到自豪，我们的帮助可能变成一种无意识的形式，我称之为"精神上的暴政"，即使他人不愿意或者没有能力进步，我们也坚持确保让他们进步。

我喜欢我的朋友兼老师拉什尼·雷亚在她的励志著作《超越破碎》中所写的：

"我决定放弃这样一种假设，即如果人们正在遭受痛苦，那么事情就不对劲了。"

对于我们这些觉得在生命中有使命去帮助、疗愈、提升或者支持他人的人而言，这是一个令人难以置信的概念。**我们的内心告诉我们，如果有人在受苦，一定是有什么不对劲的地方。我们就会认为它是错的或坏的，我们想要修复它，缓解它，并提供补救措施。**

在你的生活中可能有这样一个人，你希望他不要经历正在经历的事情，但是你真的没有办法改善他的处境。当你看到你爱的人做出糟糕的选择，沉溺于某种癖好，或者伤害自己时，这尤其令人痛苦。你觉得，"我应该做点什么。我必须做点什么！如果我不能修正他或让他变得更好，我就是一个失败者。"

坐在前排目睹别人自我毁灭是令人心碎的事情。我曾经坐过那个倒霉的位子，我相信你也坐过。然而，尽管我们作出了巨大的努力，人们的苦难总是在继续。然后，我们要么因为他们没有改变而谴责他们，要么因为我们不能让事情变得更好而谴责我们自己。

宇宙一次又一次无情地给我们这样的教训。在我的工作和个人生活中，我被迫学会如何用爱和慈悲来对待别人的痛苦，并放弃给它贴上错误的标签。毕竟，爱的波动和错误的波动不能和谐地共存。**我还不得不学会，我可以对某人散发爱和慈悲，但仍然可以不喜欢他们所做的事情。**不要忘记，你可以让自己在感受到慈悲的同时，允许自己也感受到愤怒、失望和悲伤。

那么，你如何才能找到超越是非陷阱的慈悲之路呢？**当你所爱的人误入歧途，迷失自己，背叛自己和他人，甚至背叛你的时候，你要允许自己悲伤。将这样的悲伤憋在心里需要很大的勇气。你必须避开诱惑，不要陷入愤怒和谴责，不要急着去拯救或者陷入谴责之中。除了悲伤，别无他法。你**

不仅要为失去的东西哭泣，还要为你爱的人所遭受的挣扎和损失而哭泣。

对你的心碎慈悲

我称理解他人痛苦的人为宗教人士。

——圣雄甘地

对他人慈悲意味着要永远记住：苦难、失败和不完美是人类共同经历的一部分。一次又一次，我们学会在自身和他人的人性中找到慈悲，即使是在不可能找到任何内在证据的时候也是如此。这是一种高级形式的慈悲——带着一颗破碎的心为这个世界而生活，为所爱的人遭受的痛苦而生活，即使你的能力有限，你依然保持着爱。

一个人的痛苦或挣扎不会使他们破碎。慈悲帮助你对自己说："在那些黑暗的背后，我知道有一些光明。"

最近，我主持了一个研讨会，我们探讨了慈悲这个话题。我的一个高级学员和我分享了她因妹妹而悲伤、心痛的事例，她的妹妹在很长一段时间内一直处于情绪低落的状态。她酗酒、吸毒，失去了对孩子的监护权。这位学生是这样说的：

"多年来，我一直对自己说，我应该能够帮助我的妹妹。我花了数百个小时和她交谈，给她提建议，或者告诉她可以从哪里得到支持。我给她钱，帮她找工作。但我所做的一切似乎都没有让事情变得更好。

"通过刚才你的教导，我意识到我一直在对自己的失败进行评判。**我以为我已经破碎，因为我无法修复它。**"

"我以为我已经破碎，因为我无法修复它"——这句话引起了包括我在内的所有人的共鸣。和我们许多人一样，这位学生把自己无法"修复"妹妹作为证据，证明她自己也有某种缺陷，一直在剥夺自己的爱。她对妹妹非常慈悲，但对自己却不慈悲。

当我们学会如何带着慈悲生活时，我们必须记住也要将自己包含在内：

有时候，作出爱的选择意味着记得对自己慈悲，因为你无法消除别人的痛苦。

你不能修复别人的破碎，并不意味着你也破碎了。

学习如何成为慈悲的存在

你遇到的每一个人都是你自己的一部分，都渴望爱。

——埃里克·米查·勒文塔尔

对我来说，最困难的课程之一就是当我无法帮助别人的时候，我要学习如何去爱他们。**当你爱一个人，而他却在受苦时，你怎么能爱他而不与他一起受苦呢？** 你如何以爱的姿态让别人独自前行呢？此外，当我们深深潜入我们自身的慈悲中，这种形式的慈悲就要求爱的存在，因为那是你能够做到的一切。

当我们完全将我们的慈悲献给某人的时候，这与语言、智慧或建议无关。它是我们最具慈悲之爱的波动呈现。

对某人"保持爱的存在"是什么意思？它只是意味着停留在爱和慈悲的最高波动空间，并保持那个波动空间的能量稳定。在那一刻，爱并不试图修复它们。爱并不是让他们感觉更好。爱只是去爱。

我相信我们忘记了我们的爱是一份巨大的礼物。当我知道某人的爱在我身边，无论他们在哪里，即使我不在他们身边，我仍然能感觉到他们的波动。当我需要爱的存在，我就能融入它。我感到更平静。我感到更强大。

当我们发现所爱之人正在进行艰难的战斗，我们想要解决那些无法轻易解决的问题时，我们必须记住，我们的爱和慈悲会给他们带来希望与和平。

永远不要低估别人因感受到你的爱而受到的影响。

即使你不能为他们做任何事，爱某个人也是会产生影响的，不管你是否能马上看到这些影响。

最近，我给一个医疗保健单位做了一次关于慈悲的演讲，在签名售书的过程中，一位参与者找到了我。"我喜欢你说的一切，"她说，"但我发现慈悲对我很不健康，所以我避免慈悲。"

我完全被她的话惊呆了，以为她在开玩笑，但当我看着她的脸时，我意识到她是认真的。我很好奇她到底是怎么想的。"详细讲讲你的经历。"我说。

"嗯，你看，我是一个非常善解人意、直觉很强的人，所以我成了一名医师。当我还是个孩子的时候，我的母亲能从我身上寻求支持和安慰。问题是，每当我敞开心扉对别人慈悲的时候，不管是对我的病人，还是家人，我最后都会感到精疲力尽。如果他们抑郁，我也会感到抑郁。如果他们难过，我也会感到难过。这太令人沮丧了，因为我真的很擅长与人共鸣。"

"亲爱的，这就是问题所在：**你没有共鸣，你是在陷落！你跳进他人的能量场，并被它吞没。你一旦陷进去，就很难爬出来。**"

那位女士盯着我看了一会儿，我担心我讲得太过头了。然后，她哭着说："你刚刚描述了我的整个童年。我的母亲是一位需求感强，爱苛求的人，她的情绪接管了一切。我在她身上迷失了很多年，只有在她去世后我才真正感到解脱。但我一直认为是她让我更具慈悲。"

"那不是慈悲，那是一种沦陷。"我温和地解释道，"**你感觉似乎是在共鸣，但你已经陷入了她的能量场之中。**"

我们许多人都和我遇到的那位女士一样，对慈悲怀有同样的抗拒。事实上，这是阻碍我们向他人敞开心扉的最常见的问题之一——我们不想感受他们的痛苦。我们害怕跳入他们的情感海洋，被它吞没。**我们警告自己，如果我们向某人敞开心扉，我们要么救他，让他不要淹死，要么把他推开，让我们不要淹死。**

我们很多人害怕被抛弃，害怕被拒绝，或者像那位医师一样，觉得有责任去帮助别人，所以有时候会"坠入"他人。我们"坠入"他人，并且完全迷失了自己。我们可能从童年时代就知道这一点，那时我们曾经"坠入"他人，暂时让我们获得爱。我们可能会"坠入"，因为我们不相信别人会单方面爱我们，我们试图在情感上变得不可或缺。

对某人保持爱和慈悲，与一头扎进他们的情感池，然后想知道自己是怎么弄湿的，这两者是有区别的！

融入——不要坠入！

你慈悲心的礼物

每一个正义、悲悯和仁慈的行为都会在天堂里奏出美妙的音乐。

——艾伦·G.怀特

在我的人生中，我发现我越是能发展爱和慈悲，我就越能够真正地服务——不仅仅是服务参加我的课程和研讨会或者来跟我学习的人，还能服务偶然或者暂时碰到的人。

这里有一个真实的故事：几天前，我暂时搁笔休息一下，开车去圣塔巴巴拉我最喜欢的某个地方，我坐在长椅上，凝视着大海，享受几分钟清新的时光。我注意到旁边站着一位年轻女子，正试图利用这里的美景自拍。我内心产生的某种冲动促使我和她说话。"要不要帮你拍张照？"我问道。"那太好了。"她回答。我让她在一个完美的位置摆好姿势，拍了一些我觉得她会喜欢的照片。"你这人真是太好了！"她说。

她感谢我的方式引起了我的注意，我能感觉到她的心在痛。所以，我没有和她告别并回到我的长椅上坐下来，而是站在她旁边。我问她来自哪里，她解释说她住在希腊，来加州是为了看望异地的男友，他们是去年在欧洲度假时认识的。没等她继续讲下去，我就感觉到她的情况很糟糕，她一个人在城里观光，而不是像她一直梦想的那样有一个浪漫的约会，这让她崩溃了。

在那一刻，我感到心中生起爱来，我伸出手，在慈悲的见证下，拥抱她。尽管她不明白她自己的感受，但是我能感觉得到。我知道她融入那个不期而至的爱的能量场，而这是由我这个陌生人提供的。这一切都发生在 30 秒之内，她没有告诉我关于她的任何事情，也没有告诉我她经历了什么，虽然如此，我也没有询问。但我知道，她感到自己被人所看到，不管如何，她的痛苦被人不知不觉地见证到了。

突然，她感情的闸门打开了。她承认当她刚到美国时，她的男朋友并不怎么欢迎她，甚至是冷漠无情。原来他遇到了另一个人，而且没有告诉她，她大老远从希腊赶来，却吃了闭门羹。这一切都发生在为期三周的旅行的头两天。所以她独自一人带着一颗破碎的心在加州旅行。

我满怀慈悲，聆听着她的诉说。我以慈悲之心感受她的痛苦——我们坚信自己站立在稳固的基础上，但是这个基础却突然开裂，我们就会经历这种痛苦。当时她的眼里充满了泪水，我也一样。我在她人生旅途中这个毁灭性的时刻向她表达我的爱。**我参与到她的悲伤中，分担了她的悲伤。**

"我为你所经历的一切感到抱歉。"我握住她的手，温柔地说。

"我能告诉你一件事吗？"她问道，"我不敢相信，我站在这里和你分享这一切，而我甚至不知道你的名字。我很尴尬，也不好意思把这些告诉妈妈和我在希腊的朋友们，但是你身上的某种特质让我倾吐了出来。很抱歉，给你添麻烦了。"

"请不要道歉。"我安慰她说，"我想一定是上天让我们相聚在此，因为我本来不打算今天来这里，我真的感到很荣幸，因为你毫无保留地向我吐露你的心声。"

"谢谢你！"她说，"你不知道我多么需要这一刻。我觉得自己好像刚从黑暗中走出来。现在我已经向你倾吐了我的心声，我可以自我介绍一下吗？我叫亚历山德拉。你能告诉我你的名字吗?"

"我叫芭芭拉。"

女孩的眼睛睁得大大的,她目瞪口呆。"那是我妈妈的名字!"她喊道。

"所以你还是把一切都告诉了你妈妈。"我笑了笑。

心不需要知识就能散发慈悲。它只需要爱。

那天,当我开车去公园的时候,我不知道我能帮上亚历山德拉。我并不是去那里寻找我能帮助或者疗愈的人。但我的心时刻准备着去感受另一颗心的痛苦,去分担这个世界的创伤。实际上,我什么都没做,我让爱自己行动。**那奇妙的一刻属于爱,当我们让爱自己行动的时候,它总会找到一种方法,适时而又准确地满足我们的需求。**

当你带着更多的慈悲生活时,你会向他人散发出慈悲。你的波动场就像一个无条件之爱的安全港湾。只要和你共处一室,或者和你做片刻的交谈,人们就会感到安心。无论他们在旅途中行至何处,都会开始具有慈悲心。

我们都是来为彼此服务的。每天早晨,我们醒来的时候,尚不知道如何接受召唤去帮助别人。了解到这一点,我们提前做好准备,我们为同行的旅人准备好一间充满爱和慈悲的舒适客房,等待他们在路过的时候,找到这间开放、安全的心灵庇护所。

唤醒你的慈悲

我们所认识的最美丽的人，是那些熟知失败、痛苦、挣扎、失去，并已经走出深渊的人。生活以慈悲、温柔和深切的关爱填满他们，因此，他们具有一颗感恩、敏锐而理解的心。美丽的人不会凭空出现。

——伊丽莎白·库伯勒·罗斯

我深爱的母亲菲利斯是慈悲的化身。她在生活中忍受了许多，宽恕了许多，对于我在青少年时期的顽劣行为，她都忍受并且宽恕，当时我几乎不和她说话。当时我少不更事，正经历着一场痛苦的心灵危机，我试图弄清楚我为什么来到这个世界，但却找不到我记忆中的爱之家园。

我至今还不忍心去回想我把她推开给她带来的痛苦。值得庆幸的是，在我 18 岁的时候，我正式开始了我的内在之路，从一个失意的探索者变成了一个幸福的冥想者，并立刻爱上了我可爱而富有慈悲心的妈妈。在接下来的日子，每当我给她买礼物，或送她去度假时，我都会开玩笑地说："这是为了弥补我十几岁时的顽劣！"随后，我们都哈哈大笑。

时光流逝。我从东海岸搬到了加利福尼亚，我变得忙碌，也取得了成就。我的母亲是我最坚定的粉丝和最忠实的支持者，我珍惜她无条件的爱。我的母亲变老了，我也变老了。

大概在妈妈60来岁的时候，我发现我们的通话内容开始发生变化。她告诉我："我刚从三表姐的葬礼上回来"，或者"你还记得我游泳俱乐部的朋友苏吗？她刚刚被诊断出患有乳腺癌"，或者"亲爱的，如果我的声音听起来有点儿低沉，我很抱歉——我隔壁邻居多洛雷斯无法再照顾她的丈夫，这太让人伤心了，她不得不把他送到一个特殊的机构"，或者"我刚在讣告上看到你高中数学老师去世了"。

她的生活节奏也发生了变化，这也让她讨论的话题发生了变化。从遍览各种度假胜地的愉快旅行，转变成为了治病而寻医访药，开始是为了我继父的癌症，后来是为了她自己的癌症。过去，她的日程表上满是令人兴奋的社交活动，而现在，她的日程表上满是医疗预约，去疗养院拜访朋友，参加追悼会。

我每隔几天就给母亲打个电话，了解她的近况，并告诉她我的近况，但令我感到内疚和沮丧的是，我不再像过去那样期待这些电话了。当我正在拍摄一系列电视节目，或者正在为我的一本书巡回展览时，如果听到妈妈的声音，我会感到紧张和悲伤。我不再像以前那样和她没完没了地聊天，有时我会迫不及待地想结束谈话，而我善解人意的母亲会安慰我说："没关系，亲爱的。**你可以挂电话了。我知道你在做非常重要的事。记住我是多么为你骄傲，我是多么爱你。**"

我的母亲很爱我的继父，全天照料他11年，我继父去世后不久，我的母亲就被诊断出患有癌症，这让我们所有人都感到震惊。在这段时间里，我尽可能多地去看望她，每天和她交谈三四次，全身心地投入到她的病情、治疗和护理的每一个细节中。我不断地祈祷，希望她能康复。然而，她仅仅坚持了六个月就去世了，我知道她是要去和她的心上人在天堂团聚。我变成了一位成年孤儿。

我飞回费城，回到我曾经成长的小房子里，进行一项情感上难以完成的任务——把我母亲所有的东西都检视了一遍。她对人生和他人的爱是那么纯洁无瑕，她把所有东西都收藏起来：每一封来自她丈夫的情书；从我开始会写名字时给她的卡片，到她去世前我寄给她的卡片，我自己都已经记不得了；关于我的新闻报道剪报、我的文章和畅销书名单；从幼儿园开始我的每一张成绩单；她所有朋友的贺卡；她参加的每一个活动节目，或她在百老汇观看的每一场电影；所有她认识的人的讣告。

是时候清理她的床头柜了，她的床头柜上还堆着药片和止痛药。我一直不敢走近她的床，因为枕头和被子就像她被救护车送往医院的那天晚上一样，上面还留下她头部和身体的压痕。我叹了口气，打开第一个抽屉，看到一本祈祷书被细心地摆在里面。我拿起祈祷书，发现她在其中放了一张折叠的、磨损了的纸。

我颤抖着双手打开了那张纸。在顶端，她写了"IN MEMORIAM"（无限的怀念）。名单很长，她用手写体工整地写下了所有去世亲友的名字。名单上的第一个名字是她高中时的心上人艾尔，他在第二次世界大战中阵亡，再也没有回家和她结婚。我认出了她父母、表亲、朋友、熟人、邻居和教友的名字。每个名字旁边都写着死因：心脏病、中风、意外事故、肺炎。随着时间的推移，字迹变得越来越潦草，当我看到名单上最后一个名字时，我可以看出她格外小心地把它写得尽可能漂亮。那是她深爱的丈夫的名字："丹尼尔·迦希曼 – 癌症。"

我把这张破旧的纸紧紧地贴在胸口，哭了起来。我哭泣，是因为我想念我的母亲，我感受到她的去世会给我的世界留下无尽的、无法填补的真空。**我哭泣，是因为我被她的谦卑所感动，她仔细记录了她对生命中所有爱的敬意。我哭泣，是因为在那令人心酸的时刻，我的心被悲伤所压倒，我意识到在过去的 20 年里，她逐渐失去了在人生旅行中的同路人，我是多么缺乏慈悲。**

我知道，除非我们亲身体验过，我们任何人都不可能真正理解某种经历。我知道，作为一个 40 岁的人，我的工作紧张忙碌，不可能体会到失去父母、最好的朋友去世、心爱的伴侣病情恶化、自己的健康开始出问题的滋味。我知道，无论我多么具有爱心，都无法完全体验到它的滋味。但在阅读名单的那一刻，我通过逻辑了知的一切都不重要了。我所感到的是深深的懊悔，因为我和母亲在一起的时候，我并没有什么慈悲心。

现在，在我 60 多岁的时候，我非常清楚母亲在那个年龄经历了什么。我珍视已不在人世的朋友和同事。我的高中男友最近去世了。我有一些学生已经去世了。当我读到我从小喜欢的艺人去世的消息时，我很震惊："我没想到他已经那么老了。"然后我看着我的新医保卡，意识到我也这么老了。

我希望什么？我真希望我当时对母亲说：

噢，妈妈，你小时候最好的朋友多里斯再也不能每天给你打电话，这一定很让人伤心。

看到电话簿上的名字，却知道他们已经不在了，你一定很难过。

看着你身体衰老，你的健康变得更加虚弱，这一定非常可怕！

我很抱歉让你今天一个人开车去参加葬礼。

我很抱歉对你戴助听器喋喋不休，没有理解你对自己完全失聪感到多么害怕。

我很抱歉没有花更多的时间耐心地倾听你所经历的每一个细节。

很抱歉我没有和你一起哭泣。

请将一切都告诉我。我将永远为你守候在此。

这是一个非常私人的故事，但我觉得有必要和大家分享。它展示了我自身慈悲的无比强大。从我小时候起，人们就一直称赞我既有爱心，又体贴人，这两个品质也是我个人的价值观，我觉得它们比成功、财富或名声还重要。我承认，我那时真的相信我理解慈悲的真谛。**但母亲的去世，以及由此带来的启示打开了我的心扉，赠予我一份无价之宝，让我懂得，尽管我已具有慈悲，但我还能觉悟到更多东西。觉悟是没有止境的。**

当你读到这一章的时候，你也许会开始想：

"我一直所认为的慈悲是有局限的吗？"

"难道我的慈悲里暗藏着评判吗？"

"难道我把修复、拯救和照顾错当成慈悲了吗？"

"我是否会抗拒去感受别人，因为我不只是'融入'，而是'坠入'？"

"我的慈悲是有条件的，需要建立在他人作出努力的基础上吗？"

"我的慈悲是否只扩展到我认识或爱的人身上，而不包括那些长相不同、选择不同、信仰不同、以不同方式去爱的人？"

作出爱的选择意味着你要有勇气去发现自己没有慈悲的地方，同时还要对自己缺乏慈悲的地方散发慈悲。

这通常并不容易做到，因为我们认为自己是善良、有爱心的人。然而，这对你灵魂的成长，对从人性到神性的全面彰显是至关重要的。当然，我们已经开始带着慈悲努力，记住，慈悲的全面展开不是一天、一个月或一年的事。

这里有一些关于"慈悲省思的问题"，可以帮助你理解，并加深和启发你与慈悲的关系。

爱的选择慈悲省思的问题

我把什么叫作慈悲？

我需要做些什么来扩展我的慈悲心？

在我的生活中，我需要在什么地方变得更慈悲？

处理这些问题的一个简单方法是列出你过去和现在在生活中遇到的人。用慈悲的新眼光来审视每一段关系。问问你自己："有没有什么方法可以让我变得更慈悲？"

"我怎么才能对那个人散发更多慈悲呢？"

"我过去因为不懂慈悲错过了什么，现在因为懂得慈悲，发生了什么变化？"

想象一下，假如世界上每个人都花时间问自己这些问题，并虚心聆听，寻求答案。每想到此，我的眼里就充满了泪水……

内在的慈悲：
你的爱如何疗愈这个世界

人生旅途不完美，不会一帆风顺。你曾跌倒过，被打倒过，偏离了你的最高存在，偏离了真理，失去了爱，有时还失去了信心。这些是否使你失去了慈悲的能力？绝对不是。事实上，恰恰相反。记住，正是你自身美丽人性的不完美才让你对遇到的每一个人都有真正的慈悲。

慈悲是内在和情感成熟的重要标志。慈悲超越了帮助、修复、控制和评判，慈悲引领我们抵达一个永无止境的爱的领域，超越了任何行为，超越了任何成就。我们爱的最高神圣品质从中延伸出去，拥抱我们自己的人性，也拥抱他人的人性。

现在，我们更加需要这样去做。因为事实上，我们的世界充满了痛苦和折磨。对于那些胸怀宽广的人，那些理想主义者，那些心灵成熟的人，我们有两个选择：

我们可以决定躲避它。我们可以决定不去感受它，因为

它太令人不舒服了。

我们也可以向它敞开自己，用慈悲见证我们所看到的一切，用我们的爱温柔地拥抱它，因为我们知道，这种对人性感到失望、为之哭泣的行为，在某种程度上疗愈并转变了人性。

我的一个学生写了一段优美的文字，描述了她对无畏慈悲这种新选择的理解：

"我理解痛苦对人类的意义，但是我不会在这份痛苦上雪上加霜。无法'修复'或不能'作为'带来的悲伤曾经让我想把目光移开，逃离这个星球上所有的痛苦。现在我知道，我自己，我们所有人正在为痛苦的疗愈做出贡献，为人类过去、现在和未来的疗愈做出贡献。"

当你变得更开阔，内在获得更大的进步时，你就会开始有这样的体验：当你感到痛苦的时候，你不仅感觉到你的痛苦，而且不知怎的你已经进入了痛苦的海洋。

你感觉到自己不仅在经历一个人的悲伤，而且正在经历一条悲伤之河，这条河流穿过了我们所有人的肉身。当你允许自己去感受那些事情的时候，你就给所有人带来了爱，在那一刻，你就为疗愈全世界的悲伤尽了一份力。记住你是如何影响"大我"的：

因为我们都是依靠波动连接起来的，你给予集体意识海洋的任何东西，都会影响到其他的一切。

当你为一个人添加爱、慈悲或理解时，你也为这个共同的海洋添加了慈悲。

当你坐下来，对自己的局限散发慈悲时，你就在将慈悲带入评判的汪洋大海，而此刻许多人正淹没在这片大海中。

当然，这让我们重新认识到疗愈你与内心关系和扩展爱的能力的重要性。你与自己感受的海洋相处时有多舒服，你与其他人的感受相处时就有多舒服。

记住：每个人都在四处游荡，无论他们是否意识到，他们无时无刻都在体验着强烈的情感，他们经常在旅途中完全迷失，感到恐惧。拒绝承认并尊重这个事实造成了分离和评判，让我们的世界无法安全地波动。

带着慈悲去生活意味着愿意去感受这个世界的创伤，不害怕它，并且知道当你的爱触及那块创伤时，确实会产生疗愈，这种疗愈穿越了众生合一的神秘旋涡。

爱的选择
"慈悲的祈祷"

我想和我的学生分享我所使用的"慈悲的祈祷"。在不同的传统中有很多这样的祈祷，我将这一段加以改编，让它更有个人特色。这个祈祷包含了你对所爱的人、世界上受苦的人以及所有人类的最高祝福，你为他们内在的自由祈祷。**无论你能做什么，或不能做什么，你都可以把你对爱的最高**

祈祷带给别人。

爱的选择慈悲祝福

愿你从痛苦中解脱。

愿你获得安详。

⌒如何实践⌒
爱的选择慈悲祝福

每天早晚，或者任何时候，只要你愿意，花点时间安静地想想我们这个星球和世界各地的人。你不需要待在一个特别的地方，但是你可以点燃一支蜡烛，站在外面，在太阳或星星下，或者任何能让你感到开阔的地方，营造更多的神圣气氛，你可能觉得这具有内在提升作用。

首先：观想我们的地球，如果你愿意，你也可以闭上眼睛。深吸一口气，心里默念或者大声说：

"愿你从痛苦中解脱。愿你获得安详。"

接下来，想想你希望祝福的某个人或某些人。他们可能正在经历外在的或者内在的挑战或痛苦，也可以是你所爱的人——你的伴侣、你的孩子、你的家人、你的朋友、你的老师等。

每次观想一个人，或者一起观想所有人。再次深吸一口气，默念或者大声对自己说："愿你从痛苦中解脱。愿你获得安详。"你可以对他们一个个发愿，如果你没有时间，就将他们放在心里一起对他们发愿。

最后观想你自己，你的旅程，你的挑战，你当前的压力，担忧和牵挂。深呼吸，默念或者大声说："愿你从痛苦中解脱。愿你获得安详。"

你可以在前面加上一个人的名字，在句子中加上"今天"这个词，让这个祝福对你所爱的人和你自己显得更加具体："**芭芭拉，愿你今天免受痛苦。芭芭拉，愿你今天获得安详。**"

慈悲祝福可能看起来很简单，但它实际上是非常强大和感人的。我仔细地选择了每一个单词。如果作出这样的祝福引起了情绪上的扰动，不要感到惊讶。**它所包含的文字和信息都来自最高品质的爱。**思维或说出这些词语将有助于融化你心灵周围的冰，并将你的心清洗干净，无论是什么样的波动碎片都能清理掉。

如果你愿意，暂停片刻，现在就试试这种慈悲的祝福。当你为你自己、你所爱的人和这个世界重新调整你的最高祝福时，你将立刻会感受到波动的转变。

这就是我们来到这个世界上的原因——越来越多地摆脱痛苦，越来越多地寻求安详，并成为提升他人，为他人带来安详的源泉，这些人包括我们的家人、孩子、员工、客户、我们所爱的人、朋友以及陌生人。

在这个世界上，以一颗开放的心生活需要极大的内在勇气。作为正在转变的人，我们诚实面对自己：带着深深的慈悲生活，往往会一直处在心碎之中。

所以我们每个人的问题是：

我有足够的勇气去感受这个世界的心碎吗？

我有足够的勇气去感受那些不属于我的痛苦吗？

如果我不去感受，谁会去感受呢？

我们带着慈悲提醒自己：我们在这个过程中不断被打磨，就像石头变成钻石一样。

慈悲是一种高尚的内在练习，是一种生动的祈祷形式。

如果你能感受到自己的心，你就能感受到每个人的心——快乐的心，受伤的心，充满信任的心，充满反抗的心，充满希望的心，充满恐惧的心。

感受这一切。感受每一个人。

当你感受每一个人的时候，你会更多地感受到自己，你会因自己的爱而变得圣洁。

7 通过爱，
让自己前进

如果你问我，在个人成长的道路上你最需要的，能给你的人际关系、工作和灵性拓展带来更多满足和成就的东西，我的回答很简单：你需要更多的爱。

你有没有向自己问过这些问题？

我怎样才能具有更多的自信？我怎样才能疗愈过去的情感痛苦？我怎样才能成为更好的父母和更好的伴侣？我怎样才能对自己不再如此苛刻？我怎样才能找到克服恐惧的勇气？我怎样才能更加专注、平稳，而不是变得如此紧张？我如何才能学会倾听，信任我的直觉和内在的声音？

所有这些问题的答案都是一样的："爱。"世间所有的智慧、教导、理想、励志的言论和计划只能让你获得有限的进步，你需要爱的推动，才能继续前进。你可能会想："我有爱我的人。"然而，这种爱并不是你从别人那里获得的爱，而是你需要向自己付出的爱。

爱是唯一能够真正帮助你疗愈、转变、觉醒和获得解脱的动因。

让自己前进的秘密就是学习如何不断爱自己。

　　我相信你已经熟悉传统的智慧，它鼓励你通过对自己好一点来爱自己：出去修个脚，听自己喜欢的音乐，给自己买一套新衣服，在你喜欢的餐厅请自己吃饭，等等。然而，我们已经探讨过，爱自己的体验并不来自外在的行为。它只能从内向外发生。**你可以通过外在的行为学会照顾自己，但是爱自己需要从内心开始。**

　　爱自己不仅仅是行为上的善良和体贴。

　　爱自己是对自己真实自我的认同。

　　你通过至高之爱的呈现体验自己，每天将其融入与自己的互动中。

　　最伟大的自爱行为就是记住你就是爱。

首先要爱自己（FIRST LOVE YOURSELF）= F.L.Y.

　　以下是我自身的真实故事，它发生在我开始撰写此章关于爱自己的内容时：

　　几个星期前，我走进我的起居室，惊讶地发现一只小鸟坐在地板上。我静静地站着，好奇地盯着那只鸟。它看起来没有受伤，也没有焦虑地跳来跳去，只是静静地回盯着我看。

　　"这只鸟是从哪里来的呢？"我心里嘀咕。我觉得它应该是在我开门取邮件的时候飞进来的，也许是因为好奇才来到我家。虽然这位毛茸茸的访客让我很开心，但是我知道它需要回到大自然中去。

我慢慢弯下腰，尽可能轻地将它拿起来，它立刻被吓了一跳，一下子飞向高高的天花板。几秒钟之后，它停落在某处，透过高高的玻璃窗向外看，仿佛在考虑是否能够飞出去。

后来，它意识到虽然可以望到外面，但是玻璃窗上没有出口，它又飞向别的地方，试图找到另外的出口。

我穿行在房间里，打开所有的门窗，让小鸟更容易离开，我还试着用手轻轻地将它引向出口。它多次降落在门的旁边，降落在靠近窗户的椅子上，但是它没有离开。它甚至在门把手上待了几分钟，但是它没有重回自由的打算。

接着，小鸟开始拍打它的小翅膀，我可以看到它小小的身躯在颤抖。"没关系，小家伙，"我用温柔的声音说，"你并没有被囚禁在此地——你随时都可以离开。不要害怕。"当它听到我说话的时候，会安静下来，但很快就飞到另一个地方。

最后，这只鸟飞进了桌子上的草篮子里，待在里面。我跪在旁边，让我的心彻底向这只鸟敞开。我能感受到一股相同的生命力在我们之间流淌，这是连接我们和所有众生的神圣之线。就在那一刻，我感觉我们合二为一。我突然意识到发生了什么。这只鸟需要我的帮助才能出去。即使自由触手可及，它也需要搭个顺风车。

我饱含爱意，轻手轻脚地走向篮子。令人惊讶的是，它一动不动，任凭我小心翼翼地拎着它穿过房间，来到外面的露台，我把篮子放在桌子上。我原本以为只要鸟儿感受到户外新鲜的空气，就会立刻飞走。然而，令我惊讶的是，它并没有飞走，而是静静地待在篮子里。我盯着这只鸟，它也盯着我。

从这个神秘的交会处，我明白：**这只稚嫩的小鸟需要爱；它需要温存；它需要平静，需要获得信心，才能起飞。你需要去爱它**。这看起来不合逻辑，但是我相信我内在的声音，并决定做一件我此生从未做过的事情。

慢慢地，我将食指伸向这只鸟，从它的小脑袋开始触碰它，一直滑向它美丽的背部和棕色的小翅膀。我触摸着这只鸟，感受自己心中的温柔，并想象这股柔情从我指尖倾泻而出。"你是如此美丽，如此神奇。"我喃喃低语，"你如此勇敢地来到我家，让我现在能够关爱你。你随时都可以飞走，你是安全的。"

我对这只小鸟散发了五分钟的爱。我一直希望它离开，但是它没有。它闭着眼睛，完全接受了我提供的一切。时间和空间似乎都消失了，世间剩下的唯一东西就是我和这只小鸟，还有爱的空间。

突然，小鸟睁开了双眼，看了我最后一眼，张开翅膀，飞过树林，迎着和煦的晨风飞走了。

这个故事是关于你、你的觉悟之旅和爱的选择。那只小鸟在那一天做了我的老师，它提醒我，我们都容易陷入内心的困境，虽然这不是我们的本意，我们唯一的选择就是爱自己，通过爱让自己从隐蔽的地方逃出来。

那只鸟并不是故意飞进我的房间把自己囚禁起来，但实际上它还是飞了进去。与此类似，我们并不能每一次都发现自己被困在哪个旧模式里。我们没有意识到，当我们试图保护自己的心灵时，却陷入了那些情绪的高墙之内。

我们置身于情绪的隐蔽处，告诉自己随时可以找到出路。"我将暂时关闭我的感受，只要遇到一个特别的人，我就会立刻开门。我暂时不会关心任何事情，这样我就不会失望，但如果我突然获得一份重要的新工作或机会，我相信我就能立刻恢复我的激情和专注。"

当然，事情并不会如此发展。我们像那只鸟，被恐惧所战胜。我们的出口就在眼前，我们的自由和解脱之门近在咫尺，我们的解决方案显而易见，然而我们却四处碰撞在自己建造的高墙上，惊慌失措，不知道如何找到通向光明和自由的出路。

此时，我们需要什么呢？如同那只小鸟一样，我们需要获得安慰，我们需要得到温存，我们需要爱自己，才能从隐蔽的地方飞出去。

我们需要 F.L.Y.= 首先要爱自己。

不要通过恐吓让自己前行

有两种方式获得力量。一种是通过害怕惩罚而获得，另外一种是通过爱而获得。基于爱而获得的力量比基于害怕惩罚而获得的力量有效一千倍，持久一千倍。

——圣雄甘地

当我回想起我这只小鸟老师的来访时，我不知道有多少人会对这只鸟大喊大叫，试图通过恐吓把它赶出去。我们许多人通常就是用这种方式对待自己。我们试图通过恐吓让自己脱离已有的模式，脱离不安的感受。我们试图强力地彰显我们的爱、智慧和勇气。但这并不管用。只有爱、慈悲和温柔才能让我帮助那只鸟，使它不会因为害怕而撞向玻璃或墙壁，将自己撞晕，最后死亡。

只有凭借爱，你才能真正地发生转变。你无法通过恐吓自己，让自己去做正确的事情。你必须通过爱自己让自己做正确的事情。

有时候，如果我们在成长过程中没有获得爱的激励，没有通过爱获得安全感，我们可能就会觉得对自己严苛、强硬才是我们成长并获得成功的唯一方法，而让自己有力量意味着通过不断的踢打，让自己前进。或许你的父母或者老师曾经这样教育你，但是，对此我不敢苟同。恐吓和恐惧是自我的粗暴策略。它们是很低级的波动。我们之所以学会利用恐吓和恐惧，是因为触目所及，我们的成长环境就是如此。

爱永远是生命中伟大的动力。当你足够爱自己时，你就

会成长，并获得疗愈。**你不能通过恐吓让自己前进。你必须通过爱自己让自己前进。**

作为人类，我们获得爱方能成长。当你还是一个婴儿，刚学走路的时候，你迈出蹒跚的第一步，然后跌倒在地上。你的母亲出于本能就知道该讲什么："乖女儿！你已经迈出了一步！你让我感到骄傲！你太棒了！"即使你摔倒了，有点儿疼，你看到妈妈的脸上流露出这么多的爱意，你就会鼓起勇气站起来，再试一次。

如果你妈妈看到你走了一步就跌倒了，讲出下面的话："真是个笨蛋！只能走一步——你就这点能耐？如果你能在屋子里来回走上两圈……我可能才会满意。"你能想象这将会带来什么吗？我总是跟我的学生开玩笑说，如果我们获得第二种反馈，我们永远学不会走路。我们现在还待在婴儿车里！

想通过恐吓让自己前进，结果总是适得其反。恐惧能够让我们暂时受到激励，但是它最终会让我们崩溃，让我们泄气。恐惧导致收缩，收缩之后就没有给生命力流经我们留下任何空间。

还记得我们对情绪电路的解释吗？如果你从小是被恐吓着长大的，你会不知不觉地认为通过恐惧可以激励自己。如果你的大脑将爱、成就和恐惧连接在一起，当你觉得自己想要获得成功时，你的大脑就会对你发出信息：你最好严厉地对待自己。这时候，你实际上并不觉得你在恐吓自己。你坚持认为你是在激励自己，因为你觉得激励就是这样的感受。

如果你养成了通过恐吓让自己前进的习惯，在反抗之前，你的进步就非常有限。你要反抗谁？反抗你自己。你心中的某个关键部分向你挥动着指头说："你最好这样做。"你要反抗的就是他。这就是许多人在矛盾中挣扎的原因——他们不是通过足够的爱让自己前进，在某种程度上，他们的内心开始反抗了。

如果你用严苛的手段审视自己的成长过程，这就会促进你的反抗。你不是反抗外部的力量，你是在反抗你自己，反抗你自己的目标和转变。你就是那个在受苦的人。

在我的生命历程里，我从未通过恐吓让自己前进。我所经历的每一次成功都是通过爱自己获得的。我所取得的每一项内在成就都是通过爱自己获得的。我摧毁了我所遇到的每一个障碍，因为我通过爱让自己前行。

有一次，当我在研讨会上教这个原则时，我注意到有一位大个子的肌肉男疯狂地举手想要分享。他是一位著名的健美运动员，第一次跟我学习。"我明白了，芭芭拉博士！"他腾地站起来宣布道，**"恐惧是糖果，而爱是蛋白质补充条。"**

"这是个有意思的比喻，"我回答道，不太理解他的弦外之意。

"就是如此，"他接着说，"恐惧就是吃糖之后产生的兴奋。如果你在健身房，你可以吃一些能够维持你长时间锻炼的东西，也可以吃一些给你带来暂时能量的东西，但是这些能量只能让你保持十分钟，然后你就会崩溃。理解了吗？恐惧就是糖果，而爱是蛋白质补充条！"

我和大家都热烈地鼓掌，我喜欢这个比喻，因为事实就是如此！**恐惧是自我的快餐。它暂时让你振作，随后就让你泄气。而爱让你长期坚持下去。**

> *被人爱比被人恐吓要好。*
>
> ——塞内加尔谚语

你与自己的互动模式创造了一幅幅蓝图，这决定了你和他人的互动模式。因此，当我们养成通过恐吓或者霸凌自己，让自己前进的习惯时，我们不知不觉地也会以同样的方式对待别人。世俗的智慧告诉我们，想要变得强大，需要让人们害怕我们。这不是力量——这是懦弱。

真正的力量会创造一种氛围，我们的出现让大家感到安全，让他们在我们周围形成高频的波动。

而恐惧是一种低频的波动。让人下降到低频波动并不能展现力量。用恐惧控制他人展现不了力量，只能展现无能。它意味着你无法将他人提升到最高的状态——爱的状态。当人们害怕你的时候，你就失去了所有的力量。当别人因为你

对他们的爱而爱你的时候，你是否强大就显得无足轻重。

你是不是有条件地爱自己呢？

> 我们常常被自己产生的力量所践踏。
>
> ——莎士比亚

当我教人爱自己的时候，有些人必定会说："我同意你的说法，但是我本来就是爱自己的。"当我让他们列出他们爱自己的例证时，他们列出的几乎都是外在的成就和胜利："我在工作中获得提升。我完成了某个项目。我完成了一个跑步计划。我坚持节食。"这些都是很棒的成就，但它们是爱自己的一个非常有限度的表达，仅仅建立在我们的期待上。

当我们在工作和人际关系上进展顺利，当我们取得了我们预想的成就，我们很容易就自我感觉良好。但是，当我们感到害怕时，我们无法继续爱自己。

当我们感到困惑时，我们无法继续爱自己。

当我们充满需求时，我们无法继续爱自己。

当别人不爱我们时，我们无法继续爱自己。

我们何时爱自己呢？当我们表现良好，满足了自己或者他人的期望，没有犯错误并且获得理想的结果时，我们就爱自己。这听起来很无情，是不是？

我们大多数人无意识地在心中放了一张隐秘的列表，它是这样的："如果……我就爱自己。"这张列表填满了条件，只有我们满足这些条件，我们才觉得有资格爱自己。例如：

当我体重减少 20 磅，我就会爱自己。

当我创业成功／写完这本书／实现那个目标，我就会爱自己。

当我偿还完所有的债务，我就会爱自己。

当我找到合适的人结婚，我就会爱自己。

当我的孩子取得好成绩，我觉得自己是个成功的家长，我就会爱自己。

当我赚到足够的钱，买了房子，我就会爱自己。

当我与人友好相处，大家都喜欢我，我就会爱自己。

当我总是具有安全感，从不沮丧、崩溃，我就会爱自己。

当没有任何事情让我沮丧，让我脱离正轨，我就会爱自己。

我请大家列出爱自己所需要的隐秘条款。当你看到你有这么多条款，想要实现这些条款是多么困难时，你一定非常震惊。怪不得你每天都觉得与自己的爱发生连接非常困难。

如果你需要某种条件才能爱自己，你就切断了自己与爱的内在无限本源之间的联系。

爱的选择意味着每走一步都要爱自己，当你跌倒时，需要自己站起来，以便再次启程、飞翔。

爱自己意味着爱自己的本来面目，记住你就是纯洁、神圣的意识，你就是爱。这意味着接受自己人性的各种表现形式——你的快乐和痛苦，你的恐惧和胜利。这意味着温柔地对待自己，从来不因为自己的感受而惩罚自己。

选择爱自己也意味着选择尊重自己：

尊重自己在此生觉醒的勇气。

尊重自己为学习、成长和疗愈所做的一切。

尊重自己体验到的每一个清明和觉知的时刻。

尊重自己内心每一处消融的地方。

尊重自己为了觉悟而阅读本书，并采取各种方法去努力。

我通过爱让自己前进的一个方式就是自言自语——大声说出来——充满爱意，似乎我就是自己最爱的人。"宝贝，你做得非常棒。你在那次研讨会上帮助了很多人。我爱你，我为你感到骄傲。"

对你来说，这很奇怪吗？你不希望别人对你讲这些吗？那么你为什么不对自己说出来呢？**如果你现在对自己说不出口，当别人说出来的时候，你就听而不闻，或者甚至不会相信。**

有时候，我们在爱自己的时候裹足不前，害怕那会徒劳无功。事实上恰恰相反。当你爱自己的时候，你也允许他人爱他们自己。我记得有人写过一篇文章，是关于一位我尊敬的成长导师的：

"她非常爱自己，以至于你在她面前也会喜欢自己。"

所有的伟人都是如此。他们的爱如此丰盈地波动，他们的出现，让我们开始自我感觉良好。我们会自发地更加尊重自己。我们开始连接上自己的尊严和爱。

这是一份真正的赠礼，我们可以送给我们所关心的人——我们的伴侣、朋友、子女和商业伙伴。我们从中学习如何爱自己，尊重自己，他们的最高状态和我们的最高状态共鸣，一起涌现。

当你感受到对自己的爱，并为之欢欣鼓舞时，这种爱激起的广阔浪花将会冲刷你周围的所有人。

清空你的证据袋

我们用来隐藏错误的手段比我们所犯的大多数错误更可恶。

——弗朗索瓦·德·拉罗什富科公爵

我承认——我喜欢看侦探节目！我沉迷于看剧中人如何寻找线索，通过收集完美的证据来破案，最终将罪犯抓捕归案。这种节目总会有这样一个关键的戏剧性时刻：警察拿着一长串无可辩驳的事实与罪犯对质："一切都结束了——你死定了。"

这与爱我们自己有什么关系呢？**其实，我们有些人也是"情感证据收集者"，他们收集我们的错误清单，以此来和我们对质。**如果读这段感到不舒服，你可能已经认识到你的这个模式比你想承认的更严重：你严格地审察你的对话、行为和互动，从中寻找你失误的证据，在每一天结束的时候，不知不觉地将收集到的材料储存在你内在的文件夹里。

"我没有准时提交报告。上星期我本该节食，但却偷吃了。我的大学室友给我寄送了礼物，但是我从来没有回信表示感谢。我早晨忘记冥想了。我心里非议我的好朋友。我有三项计划没有完成。"在周末或月末的时候，我们汇集这些证据，然后我们就开始评判，并进行谴责："我失败了。我搞砸了。我很糟糕。"

你一旦从事了这种收集证据的工作，你就停不下来，并将这个习惯强加给所有人。你到处寻找消极的东西。你和他人的互动模式调频到专注于失误上，完全忽略了正确的事情。你储存情绪弹药，准备攻击他人——有时候甚至是与你最亲密的人。**这不是爱——这是战争。**

你曾经是不是受到别人如此的对待呢？突然之间，与你关系亲密的某人对你说："你知道，三年前当我搬家的时候，你在第一天晚上并没有打电话问候我"，或者"当我们的孩子小学毕业的时候，你没有邀请我和你一起举办派对，但是你邀请了乔安妮，这让我很受伤"，或者"你已经在那个公司工作一年了，但是从未给我介绍一个客户"。**你完全被一连串证据所击晕，甚至没有意识到他们会收集这些证据，并用这些证据在你们之间修建一道隔离墙，私下里通过不满来强化它。**

我以前有一位认识 15 年的朋友，我在这里将她称为凯蒂。她在遇到困难时，经常找我寻求建议，最近我想把她介绍给我的一位生意伙伴，对她的新工作进行帮助。不幸的是，我听说她做事不专业，并且不尊重别人。我不得不打电话给凯蒂，传达了别人对她行为的反馈意见，并提出如何挽救的建议。她很客气地接听我的电话，非常感谢我，也告诉我她以前也收到过相同的反馈，她感谢我的坦率和支持。

几个星期后，凯蒂、另外一位朋友和我三个人一起见面喝咖啡。当我坐下的时候，立刻感到吃惊。凯蒂瞪着我，非常冷漠地和我打招呼。当我问她发生了什么事情的时候，她持续对我不愠不火地表达不满，很显然，她已经收集并储存了好几年的证据：

"我们过去参加活动的时候，你总是让我给你买水，但是事后你从来没有给钱。我做牙科手术的那次，当天晚上我回家后，你没有给我打电话，等到第二天早晨才打电话给我。两年前，我俩与你的一个朋友聚会，我们当时在笑谈各自的电视品位，你嘲笑我喜欢看真人秀。"

听着这一长串怨恨之词，我惊呆了。我甚至已经不记得这些事情了，但是很明显，它们一直储存在凯蒂陈旧的证据包里。我能感受到，她通过每一个新的指责给她自以为是的愤怒添油加火。她似乎是一位断案的检察官，我现在已经被她判刑了，但是我却对自己一桩桩的罪行了无所知。我身处一场我浑然不知的战争之中，成为一名毫无防备的人质。

对我来说，这是一件令人伤心的事情。当然，凯蒂也是用同样的方式对待她自己——严苛、怨恨、谴责。这是一个痛苦的教训，无论我多么爱她，但是因为她不能爱自己，所以无法接受别人的爱。**我爱得越多，她就越愤怒。我付出得越多，她就越感到不满，因为她不懂得如何给予自己同样的关怀和慈悲。**

恐惧的感受会给人定罪。爱的感受能带来宽恕。爱不会收集错误。事实上，爱会收集让事情成功的证据。你如果一直收集不可爱的证据，你就无法去爱。

我分享这个故事，是因为我们许多人对自己表现出相同的态度，并且养成了一种破坏性的个人审查习惯。我们每天醒来的时候，就不断接受着内心无情的测试、审判和起诉，我们审视自己，看自己是否在某方面失败。然后我们通过指责、羞辱和痛苦来囚禁自己。

如果你与你的外在表现处于敌对的关系中，你就不可能开心。

如果你和你的人性处于敌对的关系中，你就无法爱自己。如果你这样去生活，那么就会时刻处在战斗之中。

做出爱的选择意味着结束个人审查，使自己脱离不断评判的暴政。

审视自身，找出正确的地方，而不是去找错误。

这并不意味着你对可以改进的地方视而不见，你可以从评判的习惯转变为评估的习惯。

不要问：**"我好吗？我不好吗？我做得对吗？我做错了吗？"** 而要问自己：**"我做得怎么样？我需要进行调整吗？"**

这让你从对错的评判中转变到更加觉醒、中立的评估方式。

评判 = 来自受到局限的自我

评估 = 来自更高的心灵

评估就是评估你在做什么，如何去做。注意自己的态度、抉择或信仰对你是有助益还是有伤害——是否对你可用。你减少批评，带着更大的好奇心进行自我反省。

做出爱的选择意味着用你的认知去修正道路，而不是进行谴责。

当你对自己的行为和习惯进行评估，考察它们是否有助于你的最高状态，是否对最具觉悟的人生有益时，你就在真正做出爱自己的选择。

在不完美的时刻选择完美的爱

我们必须拥抱痛苦，将其点燃，作为我们旅途中的燃料。

——宫泽贤治

我们许多人认为自己对他人充满爱和慈悲，但是我们对待自己的方式却毫无慈悲可言。我们评判自己，批评自己的缺点，并没有在自己遇到挑战的时候散发慈悲，以爱善待自己。我们不顾自己的痛苦、不适或恐惧，我们似乎想把它们推开，而不是用爱来拥抱自己。

对自己的慈悲最终意味着尊重和接受自己的人性。你是受到人性限制的神性存在。你并不完美，你会犯错，你会做蠢事，你会盲目行事，你无法事事如愿。人类的处境就是如此。

培养对自己的慈悲意味着学会同情你的弱点、考验、失败、盲目、业力，特别是同情你的宇宙课程和它所有的困难。

当我们对自己散发慈悲的时候，我们就能避免心识的评判性收缩能量，用心识的扩展性能量应对我们的挑战。我们可以心领神会地迎接令人不安的绝望、沮丧和尴尬，将它们看成伟大疗愈的先兆。它们只是向我们表明我们看到了我们不希望看到的事情。令人欣慰的是，我们已经看到了它们，这说明我们已经开始转变。

面对一个具有挑战的情况，你需要做什么？

需要对自己具有更多的爱和慈悲。

当你感觉停滞不前的时候，你需要做什么？

需要对自己具有更多的爱和慈悲。

除非你在黑暗中遇到慈悲，否则你无法完全进入光明。

当你在受苦的时候，你能爱自己吗？当你感到困惑或恐惧的时候，你能爱自己吗？甚至在你发现自己的行为需要修正的时候，你能爱自己吗？有时候，爱自己就是如此——

当自己处于痛苦和困惑中时，不要告诉自己不该感受到这些，给自己足够的爱，让自己去感受它。

你的模式是通向智慧的大门。

不要让它成为你将要跨越的高墙。

你遇到的问题不是你的障碍——它们是你的宇宙课程。

当你将它们当作敌人时，你的转变之旅就变为一场战斗，而不是救赎。

敞开你的问题，认识到它们是通向自由的钥匙，你就会沉浸在自由之中。

每当我教人培养对自己具有爱和慈悲时，总会有人提这类的问题：

"我的一位朋友完全按照你说的去做。我觉得她对自己有很多的爱和慈悲，因为她一直在思考如何能让自己感觉良好。但是她抱怨一切，似乎对自己的一切都感到遗憾。我很困惑——你说的'爱自己'是这样的吗？"

"这不是爱自己，"我总是这样回答，"**这是自怜。**"

自怜、自我放纵和爱自己有很大的不同。**自怜就是某人专注于自己的问题，而忘记其他人也有类似的问题。**似乎他们是世界上唯一一受苦的人，被上帝挑选出来受苦，或者认为其他什么力量控制了一切。他们甚至玩着"我的问题比你的问题更严重"的游戏，似乎他们的痛苦比别人的更大、更好或更有价值，特别是当他们没有获得自以为应得的同情时。

自怜并没有给别人留下多少同情、理解或者爱的空间。对自己慈悲则不同于此。

慈悲与自怜不一样。慈悲让你觉得别人正和你一起共享人性。

当你对自己和身边的人散发慈悲的时候，你可以更清楚地洞察一切，你会发现在人生的旅途中你并不孤单。

自我放纵也与对自己慈悲不同。"我真是精疲力尽。我很担心截止日期，这个月真的很辛苦，所以我打算对自己慈悲，在下个星期看电视，不回复电子邮件，随心所欲地大吃一顿，对自己多一点爱。"这是爱自己吗？实际并不是。**对自己慈悲是你腾出一个爱和理解的空间，而不是成为一个借口，让困境成为放纵的理由。**

忍耐的选择

比别人优秀，这没什么高贵的。真正的高贵就是比过去的自己更优秀。

——印度格言

若干年前，一位杰出的理疗师帮助我处理某些身体上的挑战。他要对我脊椎中僵硬的地方进行调整。这种治疗通常非常痛苦，因为我身体的这些部分已经以某种固定的模式冻结起来了，现在要调整它们，让它们以不习惯的方式运动。如果我根据他所采用的物理治疗的舒适度，或者治疗之后立刻产生的感受来进行评断，那么我在第一个疗程之后就会中断治疗。幸运的是，我明白任何形式的转变都会让人不舒服。

我记得第一次治疗结束的时候，我的治疗师向我发表了一番讲话，很显然，他对所有的病人都会如此：**"现在，要知道，在情况改善之前，你会觉得更糟糕。治疗就是通过这样的方式让你知道它在起效果的。"** 我发出痛苦的呻吟，笑着对他说："我知道——我一直对我的学生们说同样的话。"

当我们不舒服的时候，我们通常很难去爱自己。我们对这种不适产生了误会，觉得它表明我们做错了什么，我们对自己的爱就不会增加，反而减少。 当你真正迈上转变的道路，就不得不在内心和外部进行诸多的调整。这就像我的身体治疗，你将情绪和内在自我错位的部分进行调整，放松那些因收缩造成痛苦的部位，让自己恢复平衡。

不要通过你不舒服的感受或者所花的时间来判断这个过程，否则你就会产生误判。

不要因为你处于痛苦之中就停止爱自己。

不适感并不总是表示我们做错了什么。

如果我们一直舒舒服服的，我们通常就不会成长。

转变自己、疗愈自己就像完成大型拼图。开始的时候，你会发现有许多不匹配的模块，面对这样的任务，你觉得不堪重负。你甚至不知道从何处开始。它看起来没有顺序，也没有逻辑。即使你知道若干模块的拼凑方法，对大局也没什么帮助，因为你还是没有头绪。整个过程并不令人满意，因为你没有取得足够的进展。

然而，在某些方面，你开始看到一些模块的特征，这让你对完成拼图产生了更大的热情。你会发现它的轮廓——大自然的场景或某个城市的照片——的确是这么回事。突然之间，完成这幅拼图让你产生的不适转变成你的热情，你迫不及待地想回家完成你的家务，然后坐下来取得更大的进展。

我非常熟悉这种紧迫和挫败的感受——每次我开始写书的时候就会经历它。我盯着成千上万的智慧格言、逸事、经历和灵感，但是在开始的时候，我无法清楚地了解它们的模式。"我有许多的材料！"我对自己说，"但是怎样完成这本书呢？"慢慢地，这些材料聚合在一起，我可以看到大致的图景。我带着耐心和慈悲去爱自己，让自己前进，并坚持下去。你们现在阅读的就是我爱的成果。

不要严苛地评判自己。对自己不慈悲，就无法爱世人。

——佛陀

　　我天生就不是一个有耐心的人。我想这是因为我对可能发生的事情具有很多的想法，以至于包括我自己在内的现实世界无法跟上我获得启发的脚步。我心中总是有一千个有待实现的想法，酝酿着要写五十多本书，想要计划安排十多个研讨会。**我很感激，因为在我旅途的某个时刻，我总会意识到耐心是爱的最高、最必要形式。**

　　我爱我的读者，所以我会耐心地花时间尽力写好我的书。

　　我爱我的学生，所以我会耐心地学习，尽我所能继续做一个好老师，为他人在获得自由的转变道路上提供更多的旅行指南。

　　当我们深深地对某件事表示关心的时候，我们都需要这样的耐心。我们热爱我们的花园，所以会耐心地照料它们，给它们浇水，培育植物，让它们开花。我们爱自己的子女，所以会耐心地辅导他们的作业，鼓励他们发展自己的才能，教他们系鞋带，给他们梳头发，支持他们，使他们长大成才。

　　如果你在花园播下种子，它们没有立即开花，于是你失去耐心，停止给它们浇水，会怎样呢？

　　如果你的孩子刚生下来的时候不会讲话，不会走路，不会读书，不会写字，于是你对他们失去耐心，不再抚养他们，会怎样呢？

　　如果我在开始撰写一本新书的时候，看到文思不能完美地涌现，然后感到挫败，于是撂下笔不再写了，会怎样呢？

这听起来很荒谬，当你没有像预期的那样迅速地成长、成功、疗愈或者开放，你就会像以上那样对待自己。

爱的选择意味着耐心地用充满爱意的双眼凝视你内心展开的东西。

它要求我们不再关注尚未发生的事情，要关注并庆祝正在发生的事情。

我们的内心总是在无形之中成长。总会有一些东西在转变，在涌现。**然而，大多数时候，我们并没有完全注意或欣赏我们的进展，因为这种进展并没有全面地彰显出来。**然而，它已经存在了，就像你花园里那些艳丽的花朵已经神奇地蕴藏在小小的棕色种子里。

现在，你内心的种子正在成长——智慧的种子、创造力的种子、自信的种子、疗愈的种子、宽恕的种子和爱的种子。它们可能要花费比你预期更长的时间才能萌发并彻底绽放，但是它们一直就在那里。

所以，我们作出爱的选择。在我们生命的表层下蕴藏着觉醒的种子，我们带着耐心、觉知和慈悲给它们浇水，去识别它们转变的每一个小小的迹象，最终它们就会从我们旧有的模式中破土而出。

在此章的稍后部分，我将给你们介绍"爱的选择耐心祈祷"。我将它作为一个工具列出来，你可以在需要的时候用它来唤醒自己的爱和耐心。

通过爱将自己唤醒，直到觉悟

> 觉醒只是对现实的直接感知，在此过程中无需任何过滤设备——无需投射、无需信仰、无需诠释……觉醒是不断认知现实的过程。因此，觉醒不是一次性的发现，而是没有止境不断发现的过程——不断深入到我们流光溢彩的生命状态中去。
>
> —— 乔恩·伯尼

　　印度是我的心灵家园，但是我并没有像自己希望的那样常去那里旅行。我第一次去印度是在我 60 岁生日那天，经过 24 小时的旅程，我在半夜抵达印度。虽然我已经精疲力尽，但还是决定设置闹钟，第二天一早起床，这样我就能够花一整天参观古老的寺庙。第二天早晨，我满怀希望，打算参访计划中的所有景点，但是几个小时候之后，我因为疲劳而产生了幻觉，所以我回到了旅店，在床上睡了 12 个小时。

　　第三天我再次醒来的时候，感觉精神抖擞，并且想到了时差的概念。我们从自己的家乡以惊人的速度来到遥远的他乡，而这里的日夜与我们的家乡并不相同，一切都颠倒过来。心灵告诉我们，我们准备好前行，但是身体却需要一段时间才能适应新的节奏——从某种意义上说，身体需要赶上心灵的步伐。所以我们会暂时感到奇怪，迷失了方向，手足无措。

　　这听起来熟悉吗？应该很熟悉，因为在内在成长的道路上，当我们的心识发生根本性的转变时，我们的波动加速到一种完全不同的内在存在方式，我们就不可避免地遇到我所称的"内在或者波动的时差"——我们的个性、习惯和思维模式都落后了，并没有完全整合到我们的转变之中。当我们遇到灵性时差的时候，很容易将其错误地解释成其他体验——沮丧、混乱，甚至是失败。通常，过去的"你"只是试图追赶上新涌现的、正在展开的心识。

我要告诉你们一个秘密：**有时候，相对于其他人而言，内在追求者在个人成长的道路上对自己更严苛，对自己的进展更没有耐心！**你有没有认识这样一个人，你相信他有许多问题，但是他自己却并不这么认为？你有没有这样一位朋友，他幸运地对自己不健康的情绪习惯全然不觉，而你却总是被自己的行为模式所困扰？

我们这些期待内在转变的人有着崇高的目标，当我们无法实现这些目标时，我们总是感到沮丧。我们获得启示和突破的高峰体验后，觉得好像"崩溃"了，这不是因为发生了一些不好的事情，而是因为当我们不能长期维持这些觉醒的体验时，就会停止爱自己。

例如，你在某个禅修营度过一个充实的周末，或者通过独自徒步旅行获得精神振奋的一天，或者在教堂度过神圣、感人的早晨。你感觉到灵魂高扬、精神专注、十分满意。"我今天访问了如此殊胜的地方。"你心满意足地说。

然后，发生了其他事情。你的心突然想起了自己当前正在面临的某个挑战，你立刻被恐惧和焦虑所战胜。你的某个孩子做了让你心烦的事情，你大发脾气。你在镜子里发现一些新的皱纹，你感到沮丧。你的伴侣和你相距甚远，你感到一阵悲伤。

当出现这些反应的时候，你立刻开始评判自己："我真的无法相信——我近几个小时／几天／几个星期一直感到充满觉醒和爱，现在，看看我！我一团糟。我根本没有变化，也完全没有成长。我多么期望自己获得一些进展。"

现在，仅仅因为在当下感受到一些紧张，你不仅为之前让你感到沮丧的事情绝望，还否定所获得的每一个成就。**就好像你获得进展、与心灵相连的时刻都不算数，因为它们不是永恒的。**

在一些美妙的、充满恩典的时刻，我们能够暂时躲开所有的障碍，抵达我们最高的觉知，我们可以看到最开阔和最觉醒的自我。

禅修、研讨会、老师的教导、徒步旅行或者我们所经历的任何提升内在的事情都能够"高举我们"，超越我们日常的模式和程序，充当了某种宇宙直升机的角色，并从心识的高度为我们提供视图。

在此刻，我们体验到觉醒。只不过我们还没有获得永久的觉醒。

当你作出爱的选择的那一刻，你就获得觉醒。

当你对某人散发纯净慈悲的那一刻，你就获得觉醒。

当你清晰觉知，当真理从你流淌到他人的那一刻，你就获得觉醒。

只要你具有人类的身体，你永远会与你具有的人性发生碰撞。正如导师拉姆·达斯所言："你是一个具有人类体验的存在"，人类的体验非常艰辛。是的，神性居于人体之内，不会受到污染，但是人类毕竟是人类，它具有独特的个性、身体，也能进行神秘的疗愈和忆念。

不要用你的人性来消除你对基本内在的认可。每当你与人性中更具挑战性的成分对峙的时候，作出爱的选择并提醒自己：

我的人性并没有让我的内在失效。

在阴天的时候，太阳暂时从云层透出几缕光线，难道因为太阳只露面了五分钟，就说它不那么真实和完美吗？你永远不会说：

"你不是太阳。我刚刚只是短暂地看到你，除非我看到你完全露面，并且永不消失，不然我不承认你的存在。明白了吗？你刚刚又被乌云遮蔽了，所以这次的露面不算数。"

当然，这听起来非常可笑。那一刻的阳光是真实的。在暴雨或阴天的日子里，太阳露面了，我们会想："我拥有五分钟的阳光！感觉太好了！我迫不及待地等待更多的阳光。"

仅仅因为你与人性相碰撞，并不意味着你的内在没有

成长。

仅仅因为你暂时忘失了智慧，并不意味着你不在学习。

仅仅因为你重新陷入过去的痛苦，并不意味着你没有获得疗愈。

现在，光明正在向你敞开——智慧的阳光、启示的阳光、忆念和与最高自我重逢的阳光以及还有爱的阳光。慢慢地，你旧有模式和程序的乌云就会退散。阳光变得更加耀眼。你需要沐浴在阳光之中，相信它。**你无法一边觉醒，一边持续寻找漏洞。你必须认清觉醒，并为之庆祝。这是令人欣慰的一瞥，你看到了觉悟的阳光从你迷失的乌云中显露出来。**

无论你当前处在旅行的哪一个阶段，请对自己散发出慈悲，让这种整合产生。提醒自己，在某种程度上，我们都在"追赶"真理，追求我们最高的自我，如果你有耐心、能坚持、有智慧，实际上，你每天都会发现自己离觉醒越来越近。

我写下这段"耐心祈祷"帮助你认识到生命中发生的所有转变。我的学生们发现，大声地朗诵这段"耐心祈祷"很有用，特别是在你对自己的进步很难感到满意，或者你需要用更多的爱来滋养自己时。你可以自由地往这个列表里添加更具有个性化的句子。

爱的选择耐心祈祷

每一天，我都更清醒。
愿我尊重清醒的每一刻。

每一天，我都更主动。
愿我尊重主动的每一刻。

每一天，我都更开放。
愿我尊重每一个开放的时刻。

每一天，我都会更清楚地觉知到我的行为和感受。
愿我尊重每一个觉知的时刻。

每一天，我都更勇敢。
愿我尊重每一个勇敢的时刻。

每一天，我对自己和别人更具有慈悲。
愿我尊重慈悲的每一刻。

每一天，我都选择更多的爱。

愿我尊重每一个爱的时刻。

你是自性的证明

每个人从内心深处都清楚地知道他是独特的存在，在地球上只存在一次；无论遇到什么非凡的机会，像他这样一个多样合一的奇特图景永远不会第二次集合在一起。

——尼采

我在这个世界上最喜欢的神奇之地是夏威夷考艾岛。我去那里修养，加深我和内在的联系，有时候还进行疗愈。在我生命中有一段特别痛苦的时期，我前往考艾岛朝圣，希望从更高层面了解我所经历的混乱，并且渴望心灵的指导能让我带着对自己更多的爱前进。

在这座岛上有一个巨大的、充满水的洞穴，名为"外－阿－卡纳罗"，据说这个洞穴具有强大的疗愈能量，我的一位朋友问我是否想去那里，我欣然同意。我们爬上石头山，然后下山来到"外－阿－卡纳罗"的入口，深入这个神秘的洞穴。我独自坐在临近黝黑水面的岩石边上，立刻感到自己被这个古老隐秘地的疗愈波动所拥抱。

这个洞穴有几千年的历史，显得静谧而祥和，我叹了一口气，因为我认识到这种氛围与我心中肆虐的痛苦风暴形成了鲜明的对比。"在我之前有多少人来这里祈祷，希望获得祝福？"我默默地想，"谁曾坐在我现在的位置，让自己的泪水像我这样滴落？谁曾经被此处的无形力量所疗愈？"

我闭上双眼祈求平静，祈求指导，也祈求恩典。我祈求奇迹的发生。

过了一会儿，我感到自己被内心深深地吸进去，似乎我正在深入内心的一个洞穴，如同外面的洞穴一样。突然之间，我被炫目的光亮和最壮美、慈悲的爱所包围，心中自动出现这样的话语：

"尽管具有人身非常痛苦，但是如果奇迹是你内在的永恒存在呢？

"尽管你此生已经忍受了很多，但是如果奇迹是你在心中从未放弃的无限的爱之海洋呢？

"如果奇迹就是尽管你面临了许多——失败、痛苦、磨难以及当下的试炼——而你永不放弃呢？**你依然不屈不挠地探索；你依然无畏地攀登；你依然无条件地去爱。**

"记住，我的女儿：你的光亮比任何黑暗都要强大。你的爱比任何痛苦都要强大。

"*这是你内在自性存在的证明。*"

我的整个身体都在颤抖，当我感受到这个信息所传达的真相时，我哭了，安宁透进我内心恐惧和黑暗盘旋的地方。我的身体感受到一种无形的力量，它们在拥抱我，安慰我，祝贺我见证这个神圣的时刻。

为了获得一些指导，我进入洞穴的时候带上了手机，我睁开眼睛后，立刻录下我听到的声音。在接下来的几个星期，我对记录下的信息带给我的领悟进行沉思。我很清楚，我已经获得了一个完全相反的真相：我的痛苦和人类面对的种种挑战并不能证明我做错了什么。相反，内在的顽强证明了我内在的自性，我的心灵永远不会毁灭。

不是：我不完美；因此我被染污。

而是：尽管我不完美，我还是光彩四射。

这曾是我的奇迹，现在依然是我的奇迹，它也是你的奇迹。尽管你的身上发生了各种事情，但是你并没有放弃。你正在阅读这些文字，你正在寻找，你正在学习，你正在成长，你正在疗愈，你正在选择爱，你正像最美丽的花朵那样绽放。这一切水到渠成。祝贺它，为你重生的奥秘而欣慰。

提醒自己：

作为人类，尽管我们有各种经历和痛苦，但我还是神圣的。

虽然我已经跌倒，但是我依然有勇气再次站起来。

虽然我受到伤害，但是我依然有勇气再次去爱。

这就是我内在自性存在的明证——

尽管我受制于人性，但是我还是不断前进。

这就是你通过爱前进的方式。为你所走的每一步去爱自己。当你跌倒时，爱自己，当你再次站起来的时候，爱自己。爱你的来处，爱你的归处。爱你现在所处的位置。爱你前途的旅程，此刻它已经向你展开。

无论发生什么，当它发生的时候，爱自己。

无论你有什么感受，在你感受的时候，爱自己。

这就是尊重你本来面目的方式：

你是如此美丽。

你就是爱。

234

8 在淤泥中淘金：
爱在绝望的旅程中领航

> 我不祈祷在险恶中得到庇护，但祈祷能无畏地面对它们。我不祈求我的痛苦会止息，但求我的心能够征服它。
>
> ——泰戈尔

有时候，我们发现自己迈上了一条我只能称之为"绝望"的旅程。无论我们如何精心计划，多么真诚地努力，多么深入地热爱，或者对生活保持多么大的敬意，我们的道路已经莫名其妙地转向了一个我们意料不到的方向，我们发现自己踏上了一条诡谲、痛苦的道路。不管我们是正在勇敢地面对我们从未梦见过的障碍，还是在与我们从未想象到的境遇战斗，或者面对我们不曾知晓或不愿知晓的内在阴影，很明显我们正走在一条单向高速公路上，我们必须看清整条道路。

这些被强加的朝圣之旅将我们带向我们永远不想去的险恶之地——遍布恐怖和迷失的景象、悲伤和黑暗的森林、失望和背叛的无尽海洋，以及绝望的不毛之地。所以我称其为"绝望"的旅程——当意识到我们与自己想去的地方相距甚远时，我们似乎不可能找到通往和平与幸福的道路。

当我们发现自己在绝望的时间踏上绝望的旅程，我们该怎么办？我们如何生存下去？面对不想要的境遇，我们如何给它带来智慧和理解？

　　绝望的时刻就是火的时刻。火是一种力量，所触之处，能让事物起变化。火不是物质，而是一种强大的能量形式——生命力本身。木材遇到火就会变成燃料，食物遇到火就可以被食用，太阳发出的火光转变了一个荒芜的星球，让我们得以存活。同样地，在灵性和情感的旅程中，与我们不期而遇的火也会以某种神秘的方式转变我们，当它完成工作时，我们才会理解它的作用。

　　我知道许多这类绝望的旅程，我也了解火的作用。在我的生命里，有过难以忍受的时光，在这些日子里，我觉得被四面八方的巨大火场所包围，触目所及，都是火焰。**我还能正常教学和工作，但是我周围所有熟悉的东西都在燃烧。我脚下坚实的大地熔化了，稳固、安全和可靠的平台也化为无边的失败之湖。**

　　绝望的时刻也是光明的时刻。宇宙中有许多光源，我们首先能想到最明显的光源就是太阳和月亮，然后就是火所产生的光。**无论光来自哪里，都有照明的能力，我们在绝望的旅程中遇到的心碎之火、恐惧之火、无力之火迫使我们尽力面对自己，面对生活。**

　　在绝望的时刻，我们能够获得宇宙之火。

像所有的火一样，它可以用于破坏，也可以用于重生。

火焰之光可以让我们害怕，但是它依然是光明。

我们需要用它的光明来观察。

这并不意味着它会毁灭我们。这意味着它能转变我们。

我不知道如何能绕过绝望的旅程。我想重点就在这里——我们不应该绕过它们，因为我们正被塞进宇宙的入口，它让我们更接近自由。我们问自己：

如何利用这个绝望的旅程将自己提升到最高的状态？我们如何找到方法将爱带至绝望的境遇之中？

在绝望的淤泥中寻找黄金的恩典

不可言说的沉重苦难很可能被称为洗礼、再生、进入新状态的前奏。

——乔治·艾略特

这是一个需要考虑的问题：

"你在什么时候学到更多的东西——万事顺遂，你能掌控一切的日子，还是你希望永远不会遇到的绝望时刻？"

当你没有面临任何挑战的时候，你就很容易处于最高的状态，与你的内心连接，并且去爱。当一切进展顺利时，有什么可以学的呢？然而，在其他时候，在那些绝望的日子——你的信任与你的恐惧相撞，你的梦想与你的失望相撞，你的信心与你的愤怒相撞。

在这些日子里，你觉得心灵着火，自己像是在梦魇里四处走动，你在这时候实际上就有机会学习到更多的东西。你被迫去找出脱离黑暗的方法。

这些时刻能够真正考验出我们对真理的坚守，也能测试我们学习到的一切。这不是安逸的时刻，而是强迫我们整合的时刻。

绝望的时刻迫使我们将所学到的或者试图学习的所有东西都投入到当下的实践中，让我们不仅成为智慧的收集者，也成为智慧的实践者。

痛苦、恐惧和沮丧压迫着我们，将我们储存的知识和启示挤压出来，这样我们就可以看到它，并且找到使用它的方法。

回顾我们的人生，最伟大的自由和胜利时刻往往就是发生在我们遭受痛苦烈焰炙烤的最绝望、最无法忍受的时刻，而此刻我们必须上升到最高的意识。作为一位致力于改变别人的老师，这种职业的恐怖和美妙之处就是你不会因为遭遇个人的创伤而停止内在的提升和进步。

我记得很多时候，当我的生活中发生可怕的事情时，我也必须坚持授课或举办讲座。在我正遭遇创伤的时候，我还必须面对成千上万的人演讲；当我的一只狗远在 3000 英里外奄奄一息的时候，我还要参加会议；当我获悉邻居家发生火灾，我的房子岌岌可危的时候，我还得登上讲台；当我只想躲在家里哭泣的时候，我不得不现身在国家电视台。

这些绝望的经历中最绝望的一件事发生在若干年前，我的母亲正奄奄一息。在她确诊前的几个月，我受邀参加一项非常盛大的颁奖典礼，这奖项只有少数几个女性才能获得。在我乘机出发的那天，我心里知道当我回来的时候，母亲可能会住在临终关怀医院，准备离开人间。当我告诉她我可以取消掉行程留在她身边的时候，她坚持让我去。

我依然能够感受到她温柔的声音，这是她在神志清醒时对我讲的最后一句话："没关系，宝贝，你去吧。我希望你去。这是你原本就该做的事情，这也是我为你感到骄傲的原因。"两周后，她离开了这个世界。

从情感的角度看，这是我生命中最糟糕的日子，但从灵魂的角度看，这是我生命中最美好的日子。

它们将智慧融入我生命的每一根纤维里。当别的东西无法让我坚持下去的时候，这些经历推动我找到并坚持最高的自我。

它们迫使我深掘我遭遇到的污泥，寻找我深信不疑的金块。

它们迫使我在绝望中找到恩典。

金子是什么？它不是在痛苦的时刻产生的外在积极结果。它是由绝望之火铸就，由痛苦和臣服所打磨而成的自我意识和自我成就的金块。

你的遭遇总会将你带至某个地方。

遭遇的困境越大，通向清明的路径就越长。

在艰难的遭遇和最终启示之间有一条绝望和挑战之路，它是疗愈和成长真正产生的地方。

到达目的地后，一切就完成了。

我记得我没有为此报名登记

苦难是我们肉身的砂纸，它的工作就是打磨我们。

——拉姆·达斯

这是我为你们所写的一则新寓言：

一位珠宝大师决定用他最珍贵的钻石来制作一件精美、稀有的首饰。他将钻石放进一个特殊的支架，启动他的工具，开始工作。

"救命啊！等一等！请你不要伤害我！"钻石哭了，"我一直很乖，安静地躺在那里，思考我自己的事情。哎呀！让那个工具离开我。我做错了什么？你为什么要惩罚我？"

一颗最近刚制作完成的闪闪发光的祖母绿戒指无意中听到了钻石的呻吟，不禁回答：**"你这个愚蠢的钻石，你难道不知道发生了什么吗？你不是在接受惩罚。他在打磨你！你之所以被挑选出来，并不是因为你犯错了。你被选中，是因**

为你很特别。"

未经打磨的钻石看起来非常不起眼，没有光泽。只有经过一系列的加工——包括锯断、切割和抛光，才能让钻石本身的光彩显现出来，让死气沉沉的石头变成耀眼的宝石。同样地，我们也通过困难、挑战和痛苦得到了磨砺。我们经常被推到绝望的处境，这样我们的心就会得到突破，达到我们通常无法体验到的爱的层次。

在我们生命中发生的许多最具有变革性的事情给我们带来的感觉并不好。它们粉碎了我们世界的外在秩序，它们让我们敞开。它们迫使我们摆脱平静无奇的安逸生活，进入紧急疯狂、手足无措的状态。为了顺利地度过这些日子，我们需要去尝试，而不是觉得我们正在接受惩罚，否则只会让我们抵制正在发生的事情，并造成更多的痛苦。相反，我们可以转向，看看我们是如何被打磨，将我们粗粝的自我交出来，让它变得光滑、完整。

虽然这些关于爱的教导听起来令人振奋，但我明白，如果我们身处痛苦之中，想从更高的角度看待我们的挑战并不容易。当你经受绝望的时刻时，往往会产生如下的想法："**为什么这会发生在我身上？我记得我没有为此报名登记！**"

如果你曾经为所有发生在你身上的事情报名登记了呢？正如我一直所说，高级灵魂——就是你——拥有高级的地球课程。如果你曾经仔细地挑选了你的宇宙班级，让它帮助你进入更高级的进化和觉悟，那会怎样？如果在你来到地球之前，你被高级灵魂班所录取，但是你已经忘记你选了这门课，那会怎样？

以下是我发现的一些"班级"，对于像你这样想要觉醒的灵魂，它们非常受欢迎。或许你能认出其中的若干……

大家都出了什么问题：宽容研讨会

舍弃的融入

臣服：大师班

神奇的疗愈思维：如何了知真实，而不是你幻想的真实

耐心之道：不具耐心的探索者的挫折和延迟

你确定该如此吗？学会与不完美相处

绝处逢生的技巧

超越拒绝：研究生课程

我相信你可以将自己的教学大纲添加到这个列表，我强烈建议你这么做，因为这是有趣的练习。不管你的个人课程是什么，我们所有的宇宙班都有一个共同点——它们旨在帮助我们应对失控的场面，并且指导我们找到内在的真理和稳定。

我们的意识并不是在受控状态，而是在失控状态接受考验。

你是否在电视上看到这样的汽车广告？广告商试图展示

他们的车辆非常强劲耐用，在他们的图片中，车辆并没有被放在鲜花丛中。他们拍摄的是车辆在暴雨天气行驶在几英尺深的水中，或者在崎岖的山路上跋涉。制造商向我们传递的信息是：即使在这样具有挑战的状况下，他们的车辆也具有稳定性和可靠性。你可以信赖它。

说实话——当事情进展顺利的时候，我们都感觉良好。在某些特定的时刻，我们看起来都像是非常有觉悟的样子。然而，当我们的"车辆"行进在安全、平稳、没有曲折的道路上时，我们的意识和品格并没有受到真正的考验。

绝望的事情发生并不是在诅咒我们，也不是在折磨我们。我真诚地相信，它们的发生是在深入发掘我们真实的内心，寻找我们的最高状态，寻找我们无坚不摧的力量和爱。

每一次困顿的发生都迫使你在痛苦的泥潭中挖掘，寻找你灵魂中不变的东西，让你逐渐回忆起你的真实面目。

绝望的际遇以神秘的方式让我们解脱。它们将我们雕刻成精美的新样式，如同数十亿年前灾难性的火山、洪水、地震和移动的冰川雕凿出地球上雄伟的山脉、峡谷、湖泊和陆地。

看起来它们是在摧毁我们，实际上是在提升我们。

那些看起来像是在消灭我们的东西，实际上是在发掘我们的辉煌。

当大地在你脚下猛烈地移动，你没有稳固的立足点时，

不要惊慌，也不要陷入绝望。

臣服并放下。它正在教你如何飞翔。

悲伤的馈赠和责任的力量

你的痛苦是破壳而出的觉性。

——卡里·纪伯伦

有时候，我们绝望的旅程对别人而言是不可见的，因为它并不是发生于外在，而是发生于我们的内心。大多数情况下，当我们意识到我们已经远远地偏离我们想要成为的样子，或者偏离了我们想要过的生活时，这些内在的启示就会发生。绝望的时刻不是失去某些人和某些事，而是失去了我们与最真实自我的联系。

在这些觉醒道路上的关键时刻，你必然会看清关于自己的一些事情。你觉醒得越多，就越意识到自己一直处于沉睡的状态。你越是意识到自己的沉睡状态，就感到越恐惧、绝望。

突然之间，你就会明白，你无意识的习惯如何影响到你生活中的每个人——你的家人、你的伴侣、你的朋友和你自己。你回想起别人对你的反馈和批评，你曾经为之辩护，通过你新获得的智慧之光，你意识到，让你沮丧的是这些内容大多数都是真实的。你看到了你修筑的墙、你的面具、你的包装，这些让你彻底忘记了你的最高自我。

你的心在哭泣：

"我无法相信我曾经这样没有觉知力。我无法相信我曾经这样没有爱。我无法相信我曾经多么傲慢。我无法相信我曾经多么冷酷无情。我无法相信我曾经这样自我封闭。我无法相信我曾经多么迷茫。"

这都是伟大的时刻，也是令人难以忍受的时刻；是伟大的启示，也是可怕的启示。你认识到你已经浪费了多少时间。你认识到你从自己和别人身上偷走了什么。你本能地想转身离开。**然后，你最不想做的事情正是你应该做的，完成它才能疗愈：你需要悲伤。**

有时候爱的选择就是选择让自己悲伤：

我们为曾经对自己如此严苛而悲伤。

我们为对他人不友善而悲伤。

从童年起，我们就被要求必须坚强，被教导不要哭泣，我们为此而悲伤。

我们曾经筑起高墙，将爱挡在外面，用冰封的感情囚禁我们的心，我们为此而悲伤。

多少次，我们在错误的道路上追逐爱，最后把自己导向感情的漆黑小巷，我们所追逐的那个人粗暴地对待我们，我们为此而悲伤。

我们为失去的时光而悲伤，我们曾经在多少个日日夜夜里迷失在幻想、犹豫和恐惧之中。

我们为所有不是出于爱的选择而悲伤。

你如何对这些具有启示意义的悲伤做出反应，这是非常关键的。你必须无畏而优雅地进行回应，而不是感到羞愧和抗拒。你不要对你看到的或者感受到的东西熟视无睹。你必须稳稳地站立，让觉知的大门打开，用慈悲和爱淹没你所看到的一切。

悲伤对心灵的融化非常重要。冰封的悲伤阻碍了我们接受和给予爱的能力。当我们想要绕过悲伤时，我们的某些部分就进入了深度的冰封状态。悲伤和懊悔以关键的方式为我们服务。它们修正我们前进的道路。它们融化我们冰封的意识，融化我们冰冻的慈悲，融化我们冰封的责任感。

我们许多人真的厌恶经历悲伤和懊悔。我们害怕如果我们让自己感受到这些情绪，我们就会以某种方式谴责自己。实际上，就像我们之前开始讨论的那样，恰恰相反：当我们不能对自己或者他人所做的事情感到懊悔或悲伤时，我们就会收缩并冻结。

转变之路上的这些关键转折点就是我所说的**"问责时刻"**。我在这里并不是说对别人负责，而是要在内心对自己负责。为了获得别人的原谅，你很容易为你所做的事情道歉或承担责任，但是除非你从发生的事情中学习或者做出真正的改变，否则你的悔恨将变成一种应付的形式。

面对你自己的问责时刻，你可能要面对最屈辱、最困难、最绝望的旅程。"为什么我要这样为难自己？"你呻吟道，"我不断看到我生活中需要改变和后悔的事情。"

这些都是完全正常的反应。但是，不要将这些有益的悲伤和悔恨误解成自我批评，或者得出结论说你对自己太严苛了。它们是你真正担起责任过程中一个重要的，实际上也是必不可少的部分。

记住：

问责时刻永远是伟大的灵魂时刻。

我有一句话："**觉知是救赎的开始。**"如果你觉知不到，那么你就什么都不知道。当你真正迷失的时候，你甚至都没有意识到你应该对此负责。一旦你意识到你失去觉知，你就已经上路了。

问自己："我是如何失念的？"这就是提起正念的开始。

问自己："我怎么受恐惧这么长时间的驱使？"这就是勇气的开始。

问自己："我为何如此麻木和自我封闭？"这就是回归到爱的开始。

当你潜入到绝望之境的时候，你可能会觉得土崩瓦解，你的某一部分正在死去。

不要停止。继续前进。继续融化。

很快你就会在另一边出现，

获得疗愈、健康、救赎、觉醒和祥和。

一旦我们意识到自己迷失了，我们就已经踏上回家的路。

你能再坚持一天吗？

你虽然跌倒，但是不会离开地面。

——佚名

痛苦、挑战或绝望的旅程中最令人恐惧的特征之一就是它似乎永远不会结束。时间变慢，似乎在爬行。无论发生了什么，我们都要忍受——身体的痛苦，情感的创伤、恐惧、心碎或受辱——我们只是希望它结束。"我不知道我将如何度过这一关。"我向任何愿意聆听的人诉说。想到将要日复一日如此生活，让我们感到恐惧，我们根本不知道该怎么办。

在我生命中最绝望的时候，我也经历了同样的恐惧。每当我想到当前这样的情绪痛苦状态将要持续几个星期、几个月，甚至是几年时，我就变得完全灰心，并且陷入绝望。**仅仅忍受一天就已经够难的了，想象这样的痛苦会延续到未来，这对我来说真是无法忍受。**

有一天早上，我躺在床上，想到我将在第二天要忍受怎样的情绪折磨，我开始祈祷，希望获得指导。"请告诉我该如何度过。"我向我能想象到的所有更高力量祈求，"请将道路指示给我看。"

从我心灵深处的静谧空间出现了一个提问式的回答：

"你能再坚持一天吗？"

我寻思着这个问题的含义，变得非常平静。它并没有问我是否能够战胜当下的这个挑战，也没有问我是否相信无论发生什么，无论持续多长时间，我都能够挺过去。就目前来说，让我做出这样的保证要求太高了。**相反，它只问我是否可以再坚持一天，只是再坚持一天，努力挺过去，再挺一天。**

突然之间，这个绝望的旅程不再是漫无止境。它被缩减为只有一天的旅程。我可以与自己签下协议，再忍受一天吗？答案是："是的，我可以。"

当然，我无法控制我的痛苦将持续多久，外部情况会发生什么变化，甚至不知道它是否会发生变化。这并不是说我同意再坚持一天就能神奇地改变外部世界的任何东西，也不是说如果我说："不，我坚持不到下一天"，宇宙就会回复我说："好，我想你已经受够了。我们现在就为你解决所有问题。"**宇宙其实无法改变我所面临的环境，但是它会改变我。**我的目标只是度过第二天，仅此而已。

当我开始度过这一天的时候，每当我体验到一些情绪上的痛苦或恐惧时，我会问自己同样的问题："我可以再坚持一天吗？"答案是可以，我会坚持下去。

那天下午，我开始思考，如何让这一天变得轻松，更容易忍受，我需要避免或注意什么才不会让这一天更加艰难。

这样就产生另外两个问题。这就是我的"绝望时刻的通关问题"的来历。

绝望时刻的通关问题

我可以再坚持一天吗？

如果可以，我如何让今天变得更容易忍受？

我需要避免做什么，才能让今天的痛苦更少？

我将这三个问题打印了许多份，将它们放在家里的许多地方，这样我就可以经常看到它们。我在钱包里也放了一份，在汽车的仪表盘上也贴了一份。有时候，我每隔几分钟就要看看并回答这些问题。"你不需要一直这么做。"我安慰自己说，"熬过今天。今天你能做到。"在最痛苦、最恐怖的时期，我不得不将这个问题改成："我能再坚持一个小时吗？"

这里有一个例子，展示了我如何使用这些通关问题：

步骤 1：我注意到我感到情绪上的痛苦、恐惧、焦虑等，我找到我的清单，向自己问第一个问题：

"我可以再坚持一天吗？"

我稍微思考片刻，告诉自己："是的，我可以。"

步骤 2：我如何让今天变得更容易忍受？

我会看一下已经拟好的清单，看看做什么会让事情更容易忍受，然后我就会去做。

例如，清单上可能有这些项目：

* 每隔几个小时打电话给朋友，听听她的声音。

* 不管你感觉如何，你都可以在海边或公园散步 20 分钟。

* 以小时为单位列出你的计划。

* 从你的祈祷和冥想列表中选择一个进行练习。

* 深呼吸或者诵经，持续 5 分钟。

* 给你关心的人发短信，表达你的爱意。

步骤 3：我需要避免做什么，才能让痛苦更少？

这是我应该避免做的事情的清单，如果做了这些事情，会让我感觉更糟。我制作出这个列表，在遇到事情的时候就会读出来，确保避免去做这些事情。

例如，清单上可能会有这些项目：

* 不要吃任何让你产生不良情绪的不健康食品。

* 不要常常为过去的事情反悔，陷入"如果怎样，就会怎样"之中。保持安住在当下。

* 不要对没有发生的事情浮想联翩。不要思虑一个小时之后的事情。保持安住在当下。

我敢肯定在你受到痛苦的情绪折磨时，可以通过自己的方法支撑自己。可能你已经使用了"每次只需坚持一天"这句话来激励自己继续前进。这听起来不错，对你不做任何要求。然而，我发现，思虑"我会战胜这一关，每次只需坚持一天"更多的是一种被动、假设的过程，可能不足以帮助你在可怕的境遇下转移。

而这些通关问题非常强大，它们要求你做出回答，并积极地参与其中。它们让你摆脱"我不能"，因为"我不能"是一种收缩性的波动，给不了你多少能量。当你问自己："我能再坚持一天吗？"你需要做出一个决定，并且说"能"。**"是的，我能"看起来似乎也没什么，但是它是扩展性的波动，能够让你变强，给你支持。**

这种练习是我的支柱，也是拯救我的恩典。在艰难的日子里，当我无能为力的时候，这样的问题让我有所作为。虽然我不知道将如何应对面临的挑战，我不知道如何处理将要发生的状况，我无法预测事情将会如何发展，**但是我愿意再坚持一天。**

我分享这些给你们，让你们将其应用到自己的绝望旅程中，甚至应用到紧张、具有挑战、不快乐的日子。我希望通过将它传递给你，让它能够更好地服务于你。

爱、悲伤和感恩

当你学会爱地狱的时候，你就会进入天堂。

——赛迪斯·葛拉斯

难道真的可以在绝望的时刻找到爱吗？作家兼哲学家赛迪斯·葛拉斯说："当你学会爱地狱的时候，你就会进入天堂。"我记得多年前我读到这句话的时候，感到迷惑不解。几十年后，我才真正明白了他的意思。

当然，地狱可以有很多定义。我们大多数人并没有生活在地狱里。你和你的孩子没有食物可以果腹，只能活活等死，这就是地狱。你因为发表自己的看法而惨遭杀戮，这就是地狱。你因为战争和恐怖主义沦为难民，逃离家园，无处藏身，这就是地狱。

即使我们很幸运，并没有以上恐怖的遭遇，但是我们也可以有体验到地狱的经历，因为我们的宇宙日程里已经多多少少安排了这些。你如果说："较之于此时正惨遭杀戮的人来说，我知道我的这些问题不算什么。"这是不对的。你必须对自己的业力具有慈悲心。**你必须迈出自己旅途的每一步。你必须面对，并且让自己感受到你自己的地狱之痛。**

面对并感受到自己的挑战是一回事。但是爱呢？我们如何将爱带到绝望的时刻？这似乎具有讽刺意味，考虑起来也觉得荒谬。当我们自己或我们所爱的人遭受如此大的痛苦时，我们如何心怀祝福呢？

问题的部分原因在于，人性喜欢标记、限制，并进行区分，所以，一旦我们认为某事很恐怖，就很难发现它好的一面。这样用理智来行事是为了让我们保持精神上的稳定，并正常发挥作用。

如果我们没有强烈的爱憎偏好，生活就会彻底混乱。例如，你可以想象一下，如果你不知道自己喜欢吃什么，你去餐馆拿起菜单试图点菜的场景。你会在那里坐上几个小时，不知道该点什么，甚至不知道基于什么去进行选择。如果你对曾经喜欢穿的衣服没有强烈的偏好，那该怎么办？那么，你每天早晨可能要为穿衣服一直犹豫下去，最后你的犹豫不决可能导致你什么也没有穿！

我们有些人一定记得自己从青少年时代开始的这种选择困难，我们那时候还不知道自己到底喜欢什么，不喜欢什么。有些人也可能发现，我们未成年的子女们对颜色、风格、食物等还没有建立偏好，但是却试图去进行选择。我们告诉他们："选一个！"但是我们没有充分了解到他们的大脑还没有被编好程序，所以他们比我们更加开放、具有觉性——更少评判！

随着年龄的增长，我们渐渐陷入非黑即白、非此即彼的思维模式。这种思维最简单的表现形式就是诸如我们对所看电影的感受，或者我们对电视上政治言论的看法。我们形成自己的观点，做出决定，采取某种立场：这不错／很糟糕。我讨厌它／喜欢它。我想拥有它／摆脱它。他是对的／错的。成功了／失败了。

不幸的是，现实并非如此整齐划一。现实千丝万缕地牵扯着，具有错综复杂的神秘性。当我们面对无边无际的艰难体验，试图穿越它，没有任何时刻比这个更加痛苦了。**在这样的时刻，我们很容易就会对这些经历贴标签——我们知道它不是天堂，我们肯定觉得像是在地狱。**

当我们开始在内在成长的道路上前进时，就会见证一些经常发生的神奇之事。**我们可能会感觉被逼到另外一个极端——永远不会看到任何消极的东西，坚持只看到并感受到积极的一面。**"这种绝望的状况是一种祝福。这是完美的，我相信它有一个完美的结局。我平静地接受它，臣服于神圣的安排。"

这听起来让人感觉良好，并且鼓舞人心，但是这样的立场通常会覆盖到非常复杂的问题和困境上。当然，试图从更高的视角看事情是很重要的。然而，仅仅使用此种方式的问题在于，它要求我们绕过人性，不断地抛弃不愉快的情绪，让它在我们的心底自生自灭。

爱的选择不是仅仅只看到天堂的一面，也不是仅仅只看到地狱的一面。爱的选择为此二者都留有余地，因为这才是真实的情况。它对我们发问：

你能让自己同时体验到痛苦和爱吗？当你面对不希望发生的事情时，仍然能在其中找到爱吗？当你讨厌某件事，并且希望它结束的时候，能够仍然爱它无意中给你带来的祝福吗？你能学会在你的地狱之中，寻找天堂的曙光吗？天堂和地狱能否在你的心里并肩而行？

我们如何做到这一点？也许这意味着我们要能够心怀慈悲，静静地安坐在地狱般的境遇或情绪之中。也许这意味着在绝望的时刻爱自己，努力不去认为磨难正在诅咒我们、跟随我们，也不要觉得我们受到了某种形式的惩罚。或许我们能够找到勇气，深入我们黑暗的隧道，在其中找到一些微光。

这是很难完成的任务——我知道——但是它是一种邀请，邀请你做出爱的选择，这样在你绝望的时刻，不致缺少爱。

在内心找到一处快乐之地，这种快乐会让我们的痛苦消亡。

——约瑟夫·坎贝尔

对于那些我们不希望发生的事情，我们能否明确无误地感受到它在打开我们的心灵？对我来说，答案是肯定的。回想一下你过去几年的生活，回想一下过去发生的（或现在正在发生的）地狱般的艰难时刻，你迫切地希望事情会发生转机。你能同时看到已经发生或者正在发生的祝福吗？你能够瞥见在这样乌云密布的绝望际遇中闪现出的爱之微光吗？

在我的人生历程中，有很多当时我千方百计希望摆脱的经历。然而，即使在它们发生的时候，我也无法否认它们正在打开我的心灵，让我的心抵达爱和臣服的境界，如果没有这些不想看到的事情，这一切都不会发生。

大家都有过亲人生病、衰老最终去世的经历。当你们失去所爱的亲人时，总会感到非常悲痛，但是在这些转变和超越时刻的后期，你们总会明确地感受到让人惊讶的全新、深入的连接和爱，其中可能还有祝福。说它是祝福，因为你不再感到痛苦；说它是祝福，因为你有机会进行疗愈和宽恕；说它是祝福，因为你的生命一直受到限制，现在这些限制都得到了释放。

对于这两种矛盾的情绪，我们是否需要感到内疚？不需要。我们能不能一边悲伤，一边心怀感恩？可以。

你可以在此刻伤心欲绝，下一刻平静安详。在此刻，你可以彻底讨厌它，希望它结束。下一刻，你可以承认它无疑是在帮助自己成长。

不要认为自己只能选择一种情绪立场，相反，你可以自由地接纳内心的各种感受，任由它们在你心里汇集。

欢迎每一种情绪。爱每一种情绪。尊重每一种情绪。它们都是你珍贵的一部分。

我记得我的狗狗碧珠和桑迪去世的时刻。它们非常长寿，最后需要我全天候的照顾。我记得在它们去世的时候，我首次意识到我现在可以离家两天，而不需要安排人来照顾它们。我突然意识到我可以离开家，不必为了让它们不感到害怕、孤单，将它们一起带着逛商店。**我感到非常悲伤——但是我再也不需要为它们担心了，这也让我感到轻松。**

我也清楚地知道我的轻松感受和悲伤感受并不冲突，虽然失去了陪伴我 17 年的宠物伙伴让我感到崩溃，但是这件事也意味着某种祝福。我热爱自由。我讨厌它们的离去。我不需要在地狱和天堂之间二选一。这两者都是真实的。

有一次，我正经历非常困难的时期，我在这个世界最亲密的一个导师对我说：

"你是独一无二的，因为大多数人要么会崩溃，要么会振奋。而你现在，两者兼而有之。"

这些话触动了我的内心。我意识到我确实学会了如何兼而有之——在地狱般的日子里依然选择爱，心怀慈悲地让自己感受到悲惨的境遇，并收集困境赐予我的每一个细小的祝福和启示。你也可以走同样的路，具有相同的潜能。

我们自身的一部分可能会崩溃，另一部分可能会振奋。

一部分可能悲伤，另一部分可能在成长。

一部分可能正在祈祷获得怜悯，另外一部分可能正在看到恩典。

爱的选择为你心灵中存在的一切创造了空间。

用爱来稀释困境

有伟大的爱，就有伟大的奇迹。

——威拉·凯瑟

很多年前，当时我正在经历一段看似艰辛的旅程，我决定独自前往一个热带岛屿，希望体验到一些平静和疗愈。当我想从生活中出现的痛苦考验里寻求某种安慰时，我常常发现海洋具有强大的转化能力，我被大海所吸引。

在第一天早晨，我步行来到平静、蔚蓝的大海边，我站在温暖的海水里，任其淹没至我的双肩。天色尚早，四周空无一人。我突然开始哭泣，在那些日子，我这样的行为很寻常。但接下来发生的事情却不同寻常。

不知何故，我能感受到海洋以无限的慈悲完全接纳了我的眼泪、我的悲伤、我身为人的痛苦。我似乎感受到海洋妈妈向我呼喊："较之于我的容量，你的眼泪并不算多，因为我还可以容纳别人的眼泪。看，我的胸怀多么博大！亲爱的，请把你的眼泪都交给我吧。不要有任何的保留。眼泪是神圣的，因为它们从纯洁的爱中诞生。"

我让心中所有的悲伤涌出，感受自己的泪水倾泻到大海中。我的泪水没有滴落在纸巾上，也没有滴落在我的睡衣、床单或朋友的肩膀这些让我们看得到的地方，我的眼泪溶进了浪花，溶进了潮汐，溶进了汪洋大海。在那一刻，我觉得我的悲伤被更伟大的东西所稀释——在无边的大海里，我的泪水消失了，被欢腾起舞了数亿年的古老海水吞没了。

当我把泪水交付给海浪，我能感受到海洋对我的赠礼。我被爱震撼，被爱拥抱。这份神秘而永恒的礼物在海水中起伏，清洗我的伤口：鲸鱼、海豚和曾经生活在海洋里的所有生物，它们具有无比的智慧；远航而来的每一艘船只都带来了勇气，它们期待探索那些未知的陆地，船长和船员早已经去世，但是他们为新世界的发现创造了通道；每一位曾经站在这些水域祈祷的人，他们曾为某些悲伤的事情哭泣，他们经受的痛苦已经被人遗忘，回归到心灵之中，也可能重新回归到另外一个新生命中。

在那一刻，我明白了一些深刻的道理。我的绝望之旅、我的痛苦和眼泪在我的生活中起到了一定的超越作用，它们从一开始就与每一次艰辛的历程和每一滴眼泪密不可分。大海向我展示了爱，为此，我向她鞠躬致敬。

那天晚些时候，当我坐在沙滩上思考我的遭遇，我意识到两件事。首先，我的痛苦并没有奇迹般地消失。我依然感到痛苦，依然需要在这条痛苦的道路上跋涉一段时间，但是发生了某些深刻的事情。大海用充满爱意的能量多多少少稀释了我痛苦的强度。

通常情况下，当我们遇到困难时，我们希望能够消除我们正在经历的不愉快的情绪。"我想摆脱悲伤／愤怒／恐惧！"我们大声说。我们也知道，我们努力消除这些情绪的做法最终并不管用。它们切断了我们与本源的联系，切断了我们与能够疗愈我们的力量之间的联系。

如果你需要降低某种致密黑色液体的浓度，你要怎么做？你无法消除它的颜色，但是你可以通过加水稀释它。如果你正在熬汤，发现自己放了太多的盐，你不想这么咸，你要怎么做？你无法移除盐分，但是你可以添加别的东西改变汤——你通过加水来稀释它。

这就是：**第二元素原则。当你处在黑暗的房间时，你无需去消除黑暗——你带来光明就可以了**。当你引进了第二元素——光——黑暗就消失了。你不需要对黑暗采取任何行动。在某种意义上，第二元素——光——改变了黑暗。

我们已经看到，爱是最高、最广阔能量的无限波动场。

爱是最终的稀释剂！

当我们在任何状态、情绪或互动中添加爱的时候，它就会将没有觉悟的、收缩的能量转变成更高的、更觉醒的形式。

无论你是否能够意识到，你都会体验到这种稀释原理：

当你感到沮丧时，你打电话给好友告诉她你的恐惧和悲伤。她带着爱聆听，不知不觉之间，她对你所散发出的爱似乎稀释了你沮丧的浓度。你的朋友就是第二元素，你用她来稀释你的焦虑。

你的孩子害怕尝试新事物。你紧紧抱住他，让他告诉你所有的一切，并仔细聆听他所说的每一句话。你用爱的能量稀释了他恐惧的强度，他突然感觉好多了。

爱的疗愈能量是我们给自己和别人最大的馈赠。**在任何情况下，爱都会通过它自己最振奋的波动稀释收缩的能量，神奇地改变消极的情绪。**我们越来越能理解为什么有必要全面地疗愈和重新连接我们的心灵，还要扩展我们体验和分享爱的能力。我们爱之海洋越是辽远，就越能转变它所触及的一切。

心灵的海洋越广阔，它能溶解的东西也就越多。

在那次绝望的旅程中，有一天在那座岛上，我体验到慈悲海洋的祝福稀释了我的痛苦和心碎，并教导我，我也可以用爱来拥抱自己。它启发我在那天晚上写出这首非常个人化的诗。我将它分享出来，这样，你们就知道所有人都必须将朝圣之旅带进心里痛苦的区域，对于那些想知道泪水洒向大海的之后，到底发生了什么的人，我将这首诗献给他们。

当大海吞没了我的泪水

今天，我站立在海边，祈祷获得恩典。我的双眼流下泪水，如同河流，我将这些咸咸的泪水献给大海。

我凝视着泪水消逝在海水中，大海欢迎着我的每一滴泪水，仿佛是在欢迎失散很久的爱子，大海将这些泪水溶入一片广大、蔚蓝的开阔之中。

今天，大海对我很友好。

她没有料到我会变得强大、从容、无私。

她为我所有的悲伤、痛苦和心碎腾出空间，在我哭泣的时候，她用她温暖、柔和的海浪拥抱我。

我想知道，当大海带走了我所有的眼泪和悲伤故事时，到底发生了什么。

或许今晚在大海的某个地方，一只海豚或海龟咽下了我的一滴泪水，突然之间，它就不可思议地发现自己在呼喊我的名字……

作家理查德·罗尔的著作对人类的心灵追求充满了睿智又慈悲的反思，以下用他的话重述我所讲的观点：

"你的心灵必须通过信仰、祈祷、恩典、悲悯、爱和宽恕提前预备好，这样在面对地狱的时候，你就可以敞开心扉。"

以下是一些"重新校准问题"，在绝望的旅程中，你可以利用这些问题帮助自己做出爱的选择。它们是专门为你的反思、记录和讨论而设计的。请记住你所学到的关于慈悲和耐心的一切知识，不要草率地进行快速回答。设计出这些问题是为了开启你的觉知，让你获得内在的新智慧和指导。

带着爱提出问题，给出充足的时间让答案呈现出来，不仅呈现在你的意识里，也呈现在你心灵的静谧处。注意观察各种经历，它们可能是宇宙给你的信息，为你的问题提供活生生的答案。

重新校准问题：
将绝望转变成爱

我如何将爱带到这种绝望的旅程／状况？

我如何利用这种绝望的旅程／状况扩展，而不是收缩，获得自由，而不是获得桎梏？

我需要采取哪些内在行动才能依靠恩典度过这种绝望的旅程／状况？

我如何让这场绝望旅程／状况之火将我转变到更伟大的状态？

在一片看起来都是淤泥的地方，我能找到什么样的黄金？

安全回家

> 有时我自怨自艾，但总有疾风载我穿过天际。
>
> ——奥日贝格言

几年前，我去一个非常偏僻的地方朝圣，我的朋友，著名诗人拉夏尼·瑞居住在夏威夷的一个大岛上。这个简朴但是神圣的隐蔽地没有电网，远离一切，周围只有开阔的牧场、无尽的熔岩地和数千英亩未开发的森林。我正处于一种强大的内在重生状态，不希望受到干扰，在没有现代便利设施的环境里接受大自然的拥抱。虽然那里只有我和拉夏尼两个人，但是我很高兴地发现自己与许多美丽的动物朋友共享这片土地，这些动物有狗、猫、孔雀、山羊、马和各种各样我能想到的鸟类。

当我抵达时，拉夏尼告诉我刚发生了一件不同寻常的事情，她认为这件事与我的来访有着神秘的关系。若干天前，一只小白猫在主屋门前现身，它因恐惧而颤抖。这只小猫出生不到五六个星期，身体羸弱，完全处于脱水的状态，几乎无法站立。

它只有 8 盎司重，但是却差不多在没有食物、没有水、无法躲避夏威夷灼热阳光直射的情况下，徒步穿越绵延数英里的锐利、坚硬的熔岩地，来到这个隐蔽地。它活下来了，没有饿死，也没有被游荡在这个地区的许多野生动物猎杀，这真是一个奇迹。尽管这只羸弱的小猫要面对许多难以克服的危险、险恶无情的环境和恐惧，它依然有勇气在这次艰辛的旅程中存活下来。

拉夏尼将它命名为"普娃"，这在夏威夷语里是"心"的意思。

拉夏尼开始拯救普娃的性命。她用吸管给它喂食，给它的伤口涂上医用药膏，并且关爱它。即使处于虚弱的状态，这只不屈不挠的小猫也彰显出它的疗愈能力，我将它尊为导师，因为它的行为已成为我自己疗愈之旅的一部分。当我写下这些文字的时候，我清楚地记得当我紧紧地抱着蜷缩的小普娃时，我感到非常奇妙，这是一个珍贵的生命小容器，它盛着神圣的智慧，似乎正将滔滔的爱倾泻到我的心中。

就像普娃一样，在我们的一生中，我们都会勇敢地踏上许多具有挑战性的绝望之旅，并且必须穿越荒凉的无尽原野，它们会损害并考验我们。像它一样，我们可能会感到非常孤独，并且想要放弃。但是如果我们能够仔细地聆听，我们会听到一个声音从心底轻声呼唤我们："前方有庇护。前方有安全。前方有爱。"

因此，我们必须继续前进，从无形的本源处寻找力量，坚守我们的全部力量，相信在超越火焰、超越荒芜之后，将会出现救赎，将会出现和平，爱将会迎候我们。**我们绝望的**

旅程将会成为胜利的旅程。

我最后一次和拉夏尼联系的时候，听说普娃健康而又活泼。当我遇到大大小小的各种挑战，当我经历了更多的旅程，需要决心、灵性上的坚持和信念时，我就会常常想到它。有时候，我就把它幻想成一粒白点正在穿越广阔、冰封的黑色熔岩地，我几乎可以听到它的灵魂在低语："不要止步。如果我可以做到，你也可以。"

在欢乐的日子里，我们充盈的心灵和愉悦的经历相会。我们将爱带至爱。在地狱般艰辛的日子，我们无限的爱之海以温柔的态度接纳我们的痛苦，用光明来包裹我们的痛苦，用慈悲来稀释我们的痛苦。

爱是光明之梯，我们攀着它爬出黑暗。

无论我们经历多少艰辛才能找到它，无论我们的境遇多么缺少爱，无论遇到什么样的黑暗，我们必须做出爱的选择，找出最微细的爱的线索，然后跟随它。

这样，它就会引领我们前进，带我们回家。

第三篇·更加积极地在爱中生活

9 心灵的 智慧低语

　　我最喜欢的一种花就是牡丹。牡丹在暮春或者初夏开放，有许多种颜色，通常有一种独特的芬芳。牡丹花多见于亚洲文化和艺术，特别是在中国，牡丹是吉祥的象征。我正在欣赏我桌子上绚丽的牡丹花，惊叹于它们的光彩。

　　上个星期，我在花卉市场挑选了一些牡丹花。我很高兴能够找到几个尚未开放的牡丹花蕾，当我将它们放进我的购物车时，我旁边的女士对我说：“你知道，这里有其他更好看的花，例如玫瑰。”她解释道，“你买的那种花我不太了解，它们看起来并不好——太紧凑了，颜色太暗。”

　　“谢谢你。”我礼貌地回答道，“你的意思是说你以前从未见过牡丹吗？”

　　“是的，我没见过。它们看起来很奇怪。”

　　“那好，我给你稍微解释一下。牡丹花蕾看起来像一个小小的、被压紧了的小球，因为它们还没有开放。等它们开放的时候，它们的花瓣层层叠叠，暴长到原来的 10 倍。”

　　“太神奇了。”她难以置信地说道，“但是现在，它们看起来毫不起眼。”

"这就是它们开始时的样子。"我解释道,"但是,当它们开放的时候,现在看起来毫不起眼的花蕾会变成最神奇的花朵。"我从花篮中抽出一把新鲜的花束,把它送给了那位女士,"拿着,请收下我的礼物并耐心等待。很快你就会看到奇迹。"

作为真理和自由的追求者,很多时候,我们都能感觉到内心智慧和启示的花蕾,但是,它们就像牡丹花一样,看起来还很紧凑、不明显。我们渴望感受到更开放、更闪耀的东西,并且希望获得我们内心的指引和方向,但是我们的心灵似乎无法把握我们渴求的答案。或许,我们在某个问题上拼命寻求灵感,但是却无功而返。或许,我们正在为一个重要的抉择寻找明确的方向,但是在一连串互相冲突的思绪中感到失落。"要是我能找出办法就好了!"我们感叹道。

你的内心拥有无限的真理、光明和智慧。它从来不像牡丹那样紧闭。它一直完美地存在着,随时准备给你提供丰盈的真理。然而,心灵和理智尚不能抵达它,就像我们无法让牡丹花蕾立刻绽放。**因为它不是知识——而是智慧。**

知识和智慧有什么区别?知识是通过智力从外部世界收集的真相。我们利用这些真相来教育自己,了解世界。智慧则不同。不管我们能收集到多少知识,我们不能通过对这些知识进行分析而获得智慧。因为知识是来自外部,而智慧来自内心。

我们通过思维来寻求知识，但是想要体验到智慧，我们必须向内寻求。**智慧在心中绽放。**

"智慧"这个词的词源是来自两个古拉丁词汇："visionem"意思是"视觉"，"dom"表示"判断或状态"。**因此，"智慧"这个词从字面上翻译为"一种视觉状态"——一种让我们真实观察的状态。因此，想要拥有智慧，需要我们安住在观察的意识之中，并且以观察的状态去生活。**

此处，我们并不是探讨外在的观察，我们是指从内心去观察。我们怎样才能从内心最深处未被照亮的区域进行观察？这是一个什么样的过程？

稍微想象一下，你处在一个漆黑的房间，想要去观察。你需要什么？你需要光源。有了光源，你就能够很容易在黑暗中进行观察。如果你在没有光线的房间行走，你就会东撞西撞。

因此，我们的内心也需要光源进行深入"观察"。**那这个光源是什么呢？从哪个开关打开它呢？它是存在于你意识深处的心灵 – 智慧，我们可以称其为"内在之光"。**

知识本身不会发光。知识可以让人理解，进行澄清，但是知识不是光。智慧才能发光。我们可以搜集知识，但是无法搜集智慧。智慧从内心散发出来。智慧是光的降临，而不是光的搜集。它像太阳一样，从我们心灵的地平线升起。

唤醒你固有的心灵 – 智慧力量，就会打开你内在的光

明，因此，也会打开你内在的视觉。内在的光明可以帮助你更清晰地看到一切。你清晰地看到自己，清晰地看到别人。你清晰地看到你的道路，清晰地看到这个世界。

想象一下，有一天你醒来的时候发现，因为某种魔力，一个壮观的泳池出现在你家的后院。它看起来如此诱人，如此美丽，你立刻被吸引，进入粼粼波光之中。你当即就感受到平静、开阔和祥和。

当你在这个迷人的泳池休息的时候，你意识到可以通过开阔的意识以某种方式观察自己生活的方方面面。你思维中的一切似乎都被一种深刻的智慧状态所照亮。"这太神奇了！"你说，"为什么我之前不知道这个神奇、清澈的水池呢？它一直存在在这里吗？"

虽然在你的后院可能没有一个神秘的泳池，但是你确实有一个未曾知晓的泳池。它不是一个实体的泳池，所以你在外部世界是找不到它的。**它是你内心的心灵 – 智慧泳池，一直存在在那里，因为它是你真正的本性和真正的本源**。那么，你为什么不能找到它呢？进入泳池的通道被障碍物所阻挡，被你的各种固有模式、未解决的问题、无意识的习惯、冰封的感受和失念的巨石所堵塞。这一切都阻碍你，让你不能轻易地找到通向内在智慧的道路。

你的智慧一直在那里。

你内心的迷乱将通向它的道路堵塞。

当你清扫路上的波动碎片和情绪碎片之后，找到通向心灵－智慧的道路就变得轻而易举、水到渠成。

开启你的宇宙定位系统

你为什么博览群书？这没用。真正伟大的书存在于你的内心。开启这本无穷之书的页面，这是所有知识的源泉。你将洞悉一切。

——悉瓦南达

心灵－智慧不是去了知事物。我们知道某件事意味着我们具有关于它的知识，或者明白了什么。而心灵－智慧是觉知的体验——**不是具体知道某件事，而是知道的状态：觉知**。许多圣贤都描述了这种觉知的状态——这种内在的状态特征是活泼、静谧、丰盈的潜能，以及与无限智慧共振的神性意识的绝对呈现。

当你看到"觉知"时，将其视为你心灵更高、更觉醒的形式是很自然的事情，也许你甚至可以将它想象成一种从大脑中产生的体验。**你无法通过思维找到觉知。觉知从心中直接呈现出来，这里的"心"不是肉体的心脏，而是内在之心。**

想想当你内心的智慧展现出新层次时，你所获得的觉知体验、高级智慧从内在之心的深处显现出来，这就是你在某种程度上体验到的觉知。这就像你的大脑收到了来自高级自我的短信！

你们都有心灵 – 智慧的体验。它是你内心静谧的声音，并不发出声音，而是一种超越语言的觉知。某些东西会从你内心深处提示你。**你无需获得某种知识，但是你却能有所"觉知"。**"我知道我应该帮助此人。""我知道现在是我离开这份工作的时候了。""我只是获得某种觉知。"

内在之心的语言非常清晰明了，但是它并不是用词汇进行表达。

尽管如此，尽管非常神秘，但是一切尽在不言中。

我们经常不信任我们的觉知，因为觉知看起来并不符合逻辑，也不是直线型的。我们忽视它，因为它并不能像理智那样通过许多律师和案卷，将一切都呈现在我们面前，完美地为之辩护，从而去"证明"案件。**然而，讽刺的是，实际上我们的思维才是不可靠的。**这听起来很奇怪，但是通过这本书，你们会发现我讲的是对的。你无法真正地相信你的思维，因为你的思维被各种事物——你情绪化的规划、你固有的模式等所影响。

当我们相信来自逻辑思维的知识比从无形心灵深处产生的觉知更可靠的时候，我们就很容易在旅途迷失。

结果就是我们偏爱知识，忽视了我们的觉知，没有意识到，我们坚持去搜集逻辑答案，可能会蒙蔽我们清晰观察的能力。

思维之心偏爱知识，并且认为知识能给我们带来宁静。事实上，对于生命中最重要的问题，我们的安宁并非来自搜集更多的知识。知识具有非常大的局限性。很多时候，你处于情绪和心灵的危机之中，告诉自己如果能找到正确的知识，你就能以某种方式结束自己的痛苦。试图凭借知识进行"修复"最终只会分散你聆听觉知的能力。

稍等片刻，让我澄清一下：我热爱知识！当我们做出逻辑上的抉择之后，知识就是美妙、令人激动、有用的，例如：通过获取知识帮助我们决定是否需要采取某种医疗手段，或者需要购买什么保险业务，或者哪种食物最健康。**然而，当我们在任何时候只把知识作为我们的地图和指南，忽视了我们的心灵 – 智慧时，我们就经常发现自己陷入困境之中。**

你曾经有没有忽视过对某事的觉知，后来发现你的觉知是对的呢？你可能曾经雇用某人为你工作，或者让他协助你进行某个项目。你所获得的关于这个人的书面信息似乎很棒。你在意识里已经认可这份信息，但是你的觉知给你不同的感觉。或许你的觉知在喃喃低语："不要相信此人"或者"这份信息是真实的，但事情并非如此。"你忽视了你的觉知，雇用了这个人，但是，很快你那些莫名其妙的疑虑都变成了现实。"我应该听从我的直觉。"你埋怨自己。

所以在转变的旅程中，学会开启自己的心灵 – 智慧非常

关键。没有心识和觉知，我们就会被意识的一时冲动所驱使，这样就可能不会清晰地觉知事物。觉知就像一个指南针，或者用现代的话讲，就像是一个宇宙定位系统。

如果你在开车，它要到哪里去，它怎么变换方向都不重要，重要的是这辆车的定位系统正在工作。同样地，无论你在生活中经历了什么，无论是旅途中的平静部分，还是充满挑战的困难时期，都不重要。重要的是你如何让你的旅程更顺畅、更简单，避免任何可以预见的"事故"。

你有一个宇宙定位系统，它就是你这辆人体汽车的标准功能。这个内部的定位系统来自你的心灵 – 智慧，而不是来自你的意识。

如果你从通过理智来解决问题转变为通过宇宙觉知定位系统解决问题，那么你的旅程将更加愉快，并且更轻松地抵达所有目的地，遇到更少的"交通堵塞"。

有很多人问我："每一个人都有内心的向导吗？为什么我的向导好像坏了？"当我们意识到我们内心具有心灵 – 智慧，我们需要将"我们有吗"改为"我们如何联系上它"。这个问题更准确的提法是："我们如何联系上我们的觉知？**我们怎样清扫这条通道？"**

这是振奋人心的个人转变工作。通过做出爱的选择并且练习我们讨论过的内容，你越频繁地进行波动重新校准，你的内在心灵 – 智慧就越能自发地显现出来。

转向觉知

有某种超越我们意识的东西居住在我们意识的静谧处。这是不可思议的至高奥秘。请让我们的意识和细微之身安住在那里，而不要安住在其他地方。

——慈氏奥义书

我们很容易错过心灵－智慧的体验，原因很简单，心灵－智慧非常非常细微。你的高级自我和开放心识并不会发出响亮、激进或者可怕的声音，它很安静。它用喃喃低语向你展示真理。

灵魂不会大声呼喊。它以柔和、庄严的低语向我们揭示自身。

如果真正的心灵－智慧总是喃喃低语，那么在我们的内心经常大喊大叫的又是什么呢？毫无疑问，大喊大叫的是"自我"。

"你今天搞砸了——你最好掩饰一下你的失误，不要让别人看到。"

"不要相信任何人，不管你做了什么，不要让他们知道你的感受！"

"你打算让他们逃之夭夭吗？"

"撒个谎！如果你讲真话，他们会看不起你。"

　　熟悉这些吧？它们是"自我"的声音。它们绝对不是爱、智慧和觉醒的声音。它们咄咄逼人，淹没了我们觉知的微妙赠礼。**如果你听到内心的尖叫声（除非是对真实危险的强烈警告），它往往是你收缩自我的呈现。恐惧会叫喊、评判会叫喊、愤怒会叫喊。**

　　心灵－智慧不会通过宇宙的扩音器向我们大喊大叫。想象一下，如果你的觉知通过大喊大叫向你传递信息：

　　"你在听我讲话吗？我不断重复，已经累了。需要我告诉你多少次你是上天之子？"

　　"这次要注意：今天打电话给那个人，你就会获得一个机会。好运等着你。我不想听到你说害怕——行动起来！"

　　想象一下，如果你的最高自我向你尖叫，难道不荒唐吗？的确如此！我的体验是：指导性的建议和信息将以安静、充满爱的内在姿态向我们提出来，好像有人在你家门口放了一个无言的智慧礼物。

　　心灵－智慧不会像入侵的信息大军那样，大踏步行进到我们的意识里，要求我们关注它。它静静地潜入我们的觉知，就像突然出现在天空中的半透明云朵，或者像是突然优雅地飞进我们视野里的鸟儿，或者像是突然从窗户里吹进来的微风。它不会大张旗鼓地到来。它翩跹而至。

　　心灵－智慧是安静的。我们需要变得静默，这样才能为它的出现留出空间。

你一辈子都有两个人与你相伴。一个是自我——毁坏、苛责、歇斯底里、计较。另外一个是隐秘的灵性存在，它的智慧低语你只能偶尔听到。它就是你在自身发现的睿智导师。

——索甲仁波切

想象一下，很长一段时间，因为一些或大或小的事情，你内心的声音一直在呼唤你，试图引起你的注意，但是你总是习惯性地忽视它们。这就好像有人拿着一个无价的奖品来敲你的门，你不断地拒绝那个人进门。想象一下，你就是这样持续几个月、几年、几十年，一直不关注你的觉知。

现在，你可以理解另外一个原因，为什么这么长时间，我们无法感受到我们的最高存在、我们的本源、我们真正的自我——我们不仅没有意识到它，长期以来，我们还一直在冷落它，避免与它沟通！

当我们脱离或者忽视觉知时，我们实际上就与真正的智慧、力量和本源失去联系。我们并没有强化与最高存在保持持续联系的习惯。于是，等到需要访问它的时候，我们却不记得如何抵达那里。

你有没有曾经开车去某个地方，一个你原本很熟悉，但是好几年没有去过的地方？它可能是你儿时故乡的某地，或是你过去经常造访的一个社区餐厅，因为搬家了，很长时间没再去了。你对自己说，你不需要地图或导航，也完全知道怎么去那里。毕竟，你已经去过数百次了。然而，在某种程度上，你意识到过去曾经如此熟悉、自动呈现的路线记忆从你的脑海里消失了，你很尴尬地承认，你已经忘记了这条路。

当我们很少访问我们的心灵，或者不经常回应它的邀请和智慧馈赠时，就会发生这样的事情：我们忘记了如何抵达那里，突然之间，当我们需要内在的指导或方向时，我们就很难清楚地找到内心的那个地方。

为觉知留有空间

为静默的时刻腾出时间，因为世界在喧嚣的时候，神却在低语。

——佚名

返回到你的心灵 – 智慧实际上非常简单。正如我们所见到的，你不需要寻找它，也不需要定位它。它就在那里。它就是我们的真实本性。它从未离开过你。

你不必等待你心灵 – 智慧的显现。它正在耐心地等候着你。当你将注意力转向内心时，它就会欢快地现身。

国际知名的巴西小说家，《牧羊少年的奇幻之旅》的作者保罗·柯艾略带着深刻、神秘的觉知写作。我喜欢他为灵魂低语腾出空间的说法：

"孤独并不是无人陪伴，而是我们的灵魂可以自由地与我们讲话的时刻。"

这难道不是一种优雅、令人回味的描述吗？你可以想象你自己参加了一个名为"你的生活"的大型派对，在某个时刻，所有人都离开了，此刻，你终于是一个人了。你的灵魂一直在后面的房间耐心地等待，急切地想接近你，向你分享一些重要的东西。趁着你孤独的时候，你的灵魂终于松了口气，激动地找到你，终于可以对你讲话了。

你的心何时引起你的注意呢？当你静默的时候，当你从持续的计较中脱离出来并转向静默时。通常情况下，当我在给别人指导的时候，我会说："闭上双眼，让你的注意力转向内心。"我导引他们打开内心静默的大门，几秒之内，他们就可以观察并感受到他们一直无法认清或理解的事物。

当然，如果我们不想被心灵－智慧打扰，我们就会忙忙碌碌，保持意识的高度活跃，不让它有喘息的机会。我们把注意力集中在外面，而不是内心。**这并不是说我们的觉知没有试图引起我们的注意——它一直在让我们注意，只是我们的意识太喧嚣，所以听不到任何静谧和细微的声音。**

假设你站在拥挤的夜总会里面，或者站在一个座无虚席的体育场听音乐会，想象在这样的情况下，你正试图听清旁人的低语。你甚至不知道他们正在讲话，更不用说能够听清讲话的内容了。即使他们发出微弱的声音，也会被震耳欲聋的声音淹没。

当我们的意识里充满了波动带来的喧嚣，充塞着肆虐的思想"暴徒"，就会发生这样的情况。我们意识和情绪的波动噪声淹没了我们的觉知。我们可能会抱怨自己没有和心灵联系，没有和高级智慧联系，但是其实我们和它们有联系。只是我们不够安静，听不到它们提供的任何信息。

我们心理和情绪的聒噪让我们无法体验到内在的静谧和安详。

在那强烈的波动的鼓噪下，我们听不到自己智慧的低语。

智慧正在等候着充满你，但是如果你总是心不在焉，就不会听到或者注意到它。当你把本书提供的所有内容付诸实践，做出爱的选择，你实践得越多，就越容易回归到你的觉知。

深化与心灵 – 智慧的关系

这是一个"重新校准练习"，它包含了反思性的问题。我的建议是，你阅读以下每一个问题，与你的觉知发生连接，然后进行回答。这些指导将帮助你获得更深刻的体验：

1. 用你的觉知体会问题的含义，然后闭上双眼。不要试图通过意识上的搜寻来获取答案，感受你的心灵空间，并且保持耐心。

2. 如果你的觉知指引你朝着正确的方向前进，你可能会在意识里获得一个熟人的形象，或者获得生活中某个场

282

景的形象。当觉知将你导向某个你需要探索的主题时，你可能会突然觉知到某个类型的问题，例如你的健康或者经济状况。

3. 你睁开双眼后，写下你意识到的任何内容，然后花一些时间来记录和探索你所看到的更深层次的东西。你可能想与另外一个人，某个与你亲近的、也读过《爱的能力》的人一起思考这些问题。

我与心灵－智慧之间的关系

现在，在我生活中，有没有我忽视了的心灵－智慧，我曾经有所体悟，或者觉知到需要解决的问题，但是我却避开了它？

我的心灵一直试图向我讲些什么，但是我却忽视了它，因为它并没有提供一大堆逻辑事实，也没有具体的证据？

我是怎样切断并且堵塞了我的心灵－智慧？

（举例：忙碌；拯救或修复他人；从没有独处过）

我通过什么麻痹自己，使自己不能获得心灵－智慧的信息？

（举例：药物、酒精、食物、电视、购物）

当我意识到心灵－**智慧**时，我是如何忽视它的？

（举例：我是否通过我的理智让我的觉知失效，因为觉知并不提供任何"证据"？我是否对自己进行评判，决定不相信内在的导引？）

我是否借助别人对我觉知的异议，通过这样的借口忽视觉知？心里是不是想到过这样具体的事例？

（举例：我知道在我冒险的时候，我可以依赖姐姐提醒我。）

我什么时候体验过强烈的心灵－**智慧**？在什么样的条件下，我的心灵－**智慧**才会对我讲话？

（举例：在大自然中散步，在冥想或者瑜伽之后，在祈祷时，在教堂里。）

记住：这些不是一次性的问题。与所有的"重新校准练习"一样，它也是被设计出来的工具，当你在准备获得更多理解、体验更深入的转变时，随时都可以使用它们。

爱的选择心灵练习

我想教你们几个"爱的选择心灵练习"。它们旨在帮助你与强大的内在心灵－智慧发生联系，并让你熟悉进入内心本源的感受。这些是非常简单但却非常强大的情绪重新校准技巧。多年以来，我一直做这样的练习，并将它们教给我的学生。

第一个"爱的选择心灵练习"被称为：**"安住于心"**。

当我导引学生们做这种冥想时，我让他们闭上双眼。但是，在做这个练习的开始阶段，你可以睁开眼睛，因为你需要阅读指导文字。然后，当你理解了这些技巧并且不需要这些文字的时候，你就可以试着闭上双眼。

∽安住于心∽

全面、深入、缓慢地呼吸若干次。放松你的双眼。放松你的双肩。放松你身体的所有肌肉。放松你的心。

现在，作意将你的觉知导向内心。让你的觉知指向内心，如同潜入到水中。如果你指向或者作意深入内心，放松并导向内在的方向，你就会开始感受到非常细微的东西在牵引着你、呼唤着你、拥抱着你、向你靠近。

现在就试试吧。作意深入你的内心。感受那个方向，想象导向那个方向，然后放松。

让自己被牵引，并进入内在的空间，进入你心灵的中心区域，如同你被一块爱的磁石深深地吸引，进入你内心的深处。

认识到这个内在的区域实际上正在向你靠近。现在去感受它，如同感受一个舒适的枕头、一张柔软的床、一床温暖诱人的毯子、一个关怀备至的拥抱正在靠近你，呼唤你。那个内在的空间正欢迎你回到本源，回到静谧处，回到你的本性，它们原本都被各种不同的面具和骚动所掩盖。

放下吧，认识到你正在被召唤回归到内在之心，那里就是你觉知安住的地方。

心里保持一个念头，将你指向那里，让你潜入、回归到内在的空间，被它握住、被它持守。

感到安心，感到安全，感到被认可，感到被爱。

生起这样的念头：

"我要坐几分钟，安住在我的爱中。"

然后，温柔地让你的觉知安住在你心的位置，不只是在你的身体内，还要移出到你胸前几英寸的地方。

你生起一个非常安静的念头，想要安住在你的心中，就像你要进入一池疗愈之水，你只是待在里面。

你什么都不需要做。你只是在休息。

深深吸气、呼气，更充分地深入到那个空间，在那里，一切都融入到觉知的祥和脉动中。

只有爱。

你就是爱。

你回家了。

这是一个殊胜的练习，可以帮助你学习"回归"心灵的内在空间，启示、智慧和觉知在那里等候着你。我之所以这样设计，是因为我们的本性总想试图"抵达"某个地方，做出努力去某个地方，而不是让自己安住在某个地方。实际上并没有一段距离需要穿越，没有一个旅程需要你去完成。**你只需要转变一下身份，从一个受到局限的自我转变成开放的自我。**

重要的是记住你并不需要努力去知道任何具体的事情。你并不是提出一个问题，然后深入内心等候答案。你并不需要努力让某些特别的事情发生，也不需要制造一些你认为应该拥有的体验。你只是在心灵之中安住。

当你初次进行这样的练习时，我建议你闭上双眼坐下，什么也不做，因为这将有助于你的觉知在内心集中。如果你愿意，你可以先进行祷告，或者点燃一支蜡烛，或者呼唤象征最高存在的事物，虽然这并非必须。

但是一旦你这样做了，你就需要让这些念头彻底进行下去，并不是试着去想象任何人。**你只是处于你内在心灵 – 智**

慧的状态。

你能看到安住于心和努力搜寻某个问题的答案之间的区别吗？它们完全不同。**试图寻找答案或者获取知识有一个特定的目标。安住于心没有目标，只是安住而已——只是处于内心的空间中，对任何出现的现象保持开放。**

你可以在任何地方练习安住于心。随着你越来越熟悉内在的旅程，你甚至不需要找一个安静或私密的地方。我的学生曾告诉我他们在聚会之前停车的时候、在坐在办公桌前紧张工作时，甚至在卫生间都进行这个练习的故事。在你熄灯睡觉之前，当你躺在床上的时候，试着做这个安住于心的练习。它会温柔地带你进入梦境。

第二个"爱的选择心灵练习"是一个非常简单但是非常强大的冥想，它会非常迅速地将你重新校准到你的心灵。当你面临挑战，感到困惑、焦虑、紧张或者头脑感到僵硬的时候，可以使用我设计的这个练习。它有助于将你的觉知从意识转移到心灵，并让心灵－智慧显现出来。

它被称为："心灵－智慧之旅"。

像第一个练习一样，在这个练习的开始阶段，你可以睁开眼睛，因为你需要阅读指导文字。当你理解了这些技巧并且不需要这些文字的时候，你就可以试着闭上双眼。

∽心灵 – 智慧之旅∽

让自己变得非常安静，闭上双眼。

感受到你的觉知，让它从你的头、双眼一直移到你的脸，然后经过你的喉咙，再下降到你胸部心脏的位置。

将你的一只手或双手温柔地放在你胸部中间，放在你心脏的位置。

将你的呼吸保持在心脏周围，当你呼气的时候，想象自己融入一片闪烁的微光之中。

你正融入心灵的空间。

感受到它的开阔。感受到它的丰盈。

然后，喃喃自语或在心中默想：

"我的心知道。我的心知道。"

你甚至不必理解这是什么意思。你的心会知道。

将呼吸保持在心灵的空间。将呼吸保持在觉知上。

通过它带来的安详填充自己。

感谢你的心对自己的导引。

感谢你的心对你和自由的热爱。

感谢你的心没有让你忘失目标和道路。

微笑，感谢它给你带来的快乐，让你回想到你的心知道。

花一些时间来感受你心中的觉知。

如果你安静下来聆听，它总会在那里等着为你服务。

　　"只有让日常生活的喧嚣止息，我们才能最终
聆听到生命低语着，向我们展示真理，如同真理站
在我们的心灵门口敲门。"

——K.T.钟

　　我喜欢沉默。对我来说，沉默并不是虚无。它充满万事万物，它与万事万物共振，它是万事万物之门。

　　我在写作的时候，渴望沉默和孤独。我足不出户。我尽可能地离群索居。我可以感受到心中还未诉诸笔墨的语言正迫不及待地等候着，希望被沉默灌溉，爆发成让我满意的绚烂文字，这样我就可以将文字提交给你们——我的读者。

　　我在沉默中消失，为奇迹让路。

　　在沉默中，我奔向我的心灵 – 智慧，如同奔向爱人的怀抱。

　　保持安静。聆听。你的心灵 – 智慧一直在呼唤着你。它拥有你一直寻求的答案，拥有你所需的光明，它能照亮你回归觉悟、自由和爱的路。

　　沉默为不沉默的事物腾出空间。

　　当你变得安静时，你就可以开放。

　　当你开放时，你就可以接纳。

　　当你变得容易接纳时，你就可以非常柔和。

当你变得非常柔和时，你就可以感受到自己的心灵。

当你感受到自己的心灵时，你会发现自己具有惊人的觉知。

你的心知道……

10 回归爱的通道

当你在心中拥有此种非凡的爱，并感受到它的深度、欢乐和狂喜，你会发现，对你而言，世界已经发生转变。

——克里希那穆提

不管你面临什么样的挑战，不管在你的道路上突然出现什么难以预料的障碍，无论前方的道路看起来多么迷茫，你都可以做出爱的选择。每个问题的真正解决方案都归向它——更多的爱，而不是更少的爱。

在确定没有爱的情况下，我们勇敢地寻找爱的证据。

即使我们确信我们不配获得它，我们也会慈悲地为自己寻找爱。

我们在看似泥泞的土地里坚持不懈地寻找金光闪闪的爱的小金块。

这就是爱的选择的含义——我们选择爱，而不是选择别的东西。当我的生活中出现不如意的事情，而我又不知道如何是好的时候，我都会被恐惧、沮丧、犹豫所困扰，我就向自己提出爱的选择问题：

我如果将最多的爱带到这样的状况，现在会如何？

每一次，我的心都会适时地给我答案，当我遵循那个吉祥的地图时，它总会引领我获得自由。

只有当我们去爱的时候，我们才能真正获得胜利。

只有当我们去爱的时候，我们才能上升到真正觉醒的自我。

爱是与生命最高意义共振的唯一方法。

所以它总是最佳的选择。

当我们抵达沉思之旅的最后一站时，我们已经准备妥当，要去学习如何让爱成为我们生活的既定策略——爱将成为一个指南针，引领我们迈向正确的方向，不让我们浪费时间迷失在旅途，从而避免更多的不幸。

意外的情况是不好的。

失望是不好的。

损失是不好的。

但是，只要有爱，一切都好。

寻找有爱的地方

我住在旧金山的时候，最喜欢做的事情就是逛唐人街，我去湾区的时候，每次都尽量在那里逗留一下。若干年前，我去那里办事，办完事后，在那里度过了一个愉快的下午。我在拥挤的街道上来回逛，买了一些衣服和礼物，享受中国文化带来的视觉和听觉感受，中国文化能够引起我强烈的共鸣。我决定找一家餐馆，这样在返回酒店之前就能吃一顿简单的晚餐。

当我开始步行上山的时候，我看到两个男人站在人行道上用拳头用力地敲击一扇门。我立刻注意到那是一家打烊的餐馆——因为玻璃上有一个"休假打烊"的牌子，一位路人向他们指出了这点——但是他们还是在一直用力地敲门。我能听到他们大声嚷嚷："开门吧，旅游手册上说你们今天开门！现在五点半！我们从达拉斯一路过来！开门！"

一位中国老太太走过去，热情地告诉他们这条街上至少有二十多家餐厅正在营业，但是这两个人粗暴地挥着手，继续敲打那家已经打烊的餐馆的大门。一群看热闹的中国店主聚在街对面，用广东话谈笑，看着这两位固执的陌生游客。

这两位游客眼里只有这家打烊了的餐馆，觉得自己被拒之门外，他们完全忽视了那些敞开门营业的餐馆。

那天晚上，我回到酒店客房，想到这件事，我很感激这两位固执的游客，他们向我提供了一个多维度的示范，展示了我们最常见的行事方式，那就是不去做出爱的选择，而是将爱推开，为自己制造痛苦。

我们专注于没有爱的地方，而不去注意有爱的地方。

我们发现有一扇关闭的门，就像这两个愤怒的游客，站在那里沮丧地敲打这扇门。这时候，我们周围其他爱的大门是敞开的，人们正邀请我们进入。但是我们只是顽固地盯着那扇关闭的门，诅咒它不开门，哀叹我们的命运，为自己感到难过，觉得自己如此不受人欢迎。

这扇关闭的门指什么？它可能是你的一位朋友或爱人，他们让你在情感上追逐他们，但是不会让你完全进入他们的心；它可能是你的一个商业创意，即使它不能发挥作用，但是你却无法放弃；它可能是某种工作环境，在这样的环境里，你和你的才能一直得不到人们的赏识和重视；它可能是你与某个人的一段关系，在这段关系中，你无法获得所需的爱，但是你不允许自己认识到（更不用说接受）其他许多人给你的支持、关爱和善意。

你已经在这扇封闭的门前站了很久，就像那两位来自得克萨斯州的游客，你拒绝离开，因为你想进的就是那道门。

你需要转身去寻找其他为你敞开的门。而不是在没有爱的地方寻找爱。

当你专注于你是如何不能获得爱时，你就不会注意到爱正在等着走进你的生活。

当你继续追逐那些没有准备好或者不愿意爱你的人时，你甚至都看不到有些人正在追赶着你，伸出双手向你献上爱。

爱总是在那里。你只需要停下来，别再关注没有爱的地方，而是去寻找爱现身的地方。你一直在向那些不准备给你多少爱，或者没有能力给你多少爱的人乞讨爱的面包屑，甚至都不会意识到宇宙正等着向你提供许多美味的爱的大餐。

仅仅是一扇门关闭了，并不意味着所有的门都关闭了；仅仅是某个人不能按照你所希望的方式爱你，并不意味着其他人不能深深地爱你；仅仅是因为某家公司不欣赏、不尊重你的才能，并不意味着其他公司不能看到你的价值；仅仅是因为某位朋友难以让你靠近，并不意味着其他新朋友也会将你推开。

当然，想要获得我们孜孜以求的东西，执着于获取它，这是人的本性。那两个游客希望在特定的餐馆吃饭。但是这家餐馆关门了，所以他们很生气。**他们只能看到没有的东西，不能看到可用的东西。**

在唐人街上，永远有餐厅在营业。在这个世界上，永远有某处存在着爱。

我们有机会在某个地方体验到爱。

爱可能并不会像你所希望的那样出现。

在你眼前的人，可能并不是你想爱的人；你想爱的人，可能并不在你的眼前。但爱总是存在的。

爱的恩典每天都试图给我们礼物。有一些，被我们拒绝了。有一些，我们甚至不觉得是礼物。有一些，被我们完全错过了。这些礼物以各种形式出现：当我们感到寂寞孤单的时候，老朋友给我们打电话；在某个沮丧的工作日，我们收到某个客户的业务推荐；当我们的伴侣对我们很疏远，忙自己的事情时，陌生人给我们赞美。**虽然这些可能不是我们期**

望中爱和关怀的来处，但是它依然是爱。

几年前，我所养的三只动物天使的最后一只离开了这个世界。当我的最后一只狗桑迪去世的时候，17 年来，我第一次一个人生活，没有毛小孩的陪伴。我的心都碎了，我也知道，这一天终究会到来。我多么怀念抱着它那温暖小身躯时的感受，怀念我每次走进房间，它毫不掩饰的兴奋，怀念凝视它那深沉、黝黑的双眼，体验到那纯洁、无条件的爱带来的恩典。

随着时间的流逝，发生了一些奇妙的事情。无论我到哪里，狗狗看到我都会拖着牵引绳向我走来，它们的主人在后面紧紧拽着绳子。当我每天去公园的时候，离我 50 英尺远的地方，我常看到有狗在散步。突然之间，我意识到狗狗也看到我了，它好像获得了某种暗示，开始跑向我。我跪下来迎接它，它会通过亲吻和舔来与我打招呼，这让我很开心。

它的主人会困惑地跟我说："它通常不喜欢陌生人。如果它对你造成了困扰，我向你道歉。"或者说"我从来没看到它这样性急，除了去见另外一只狗。"

我微笑着回答："你不明白——你的狗让我度过了美好的一天。**我刚失去我最后一只狗，我觉得你的狗正向我提供这种失去的爱和感情。它一定知道我需要这样的爱和感情。**"然后，我要感谢这只狗给我的惊喜礼物，它完成了一项美妙的工作，从天堂给我寄送了一张特别的卡片，我知道这张卡片是由我的那几只毛孩子寄过来的。

在好几个月之中，每天都有狗狗用爱来灌溉我，特别是那些长得像我自己狗狗的小型犬。甚至还有几只猫参与进来，因为我有一只叫作"露娜"的小猫，它去世已经八年了，我现在依然很想念它。这些猫开始出现在我的家门口，穿门而入，把我的家当成了自己的家。特别是有一只小家伙会跑进我的办公室，好像知道自己要去哪里，它跳上一个座位，这个位置正是露娜以前喜欢坐下来陪我的地方。我跟着它走下楼梯，坐在电脑旁，听到它安然地发出呜呜的声音，看到它蜷缩着小小的身躯，我很开心。

慢慢地，当我开始疗愈我最深层次的悲伤时，这种感情急救法——依赖动物的办法——逐渐消失了。首先是小猫停止访问我，虽然在公园里，偶尔有狗狗会靠近我，但大多数时候，它们只是在经过我的时候摇摇尾巴，然后继续前行。

我对发生的这些事情确信无疑：当我需要爱的时候，爱找到了我。虽然它并不是来自我期待的地方——碧珠、桑迪和露娜，尽管如此，我还是感受到了爱。这些动物导师温柔地提醒我去关注爱所在的地方，而不是去注意那些没有爱的地方。此外，我也知道，我的三个毛孩子已经完成了它们的工作！

无论你的生活发生了什么，爱总会在某个地方以某种形

式出现。每天都要寻找敞开的大门。每天都要留意并且庆祝，因为爱会通过某位朋友、某朵花、某只动物、某首歌、某次回忆……走向你。

暂时安静一下。想象爱向你呈现出来的所有形式。不要诅咒那些关闭的大门，要去寻找其他存在的出口。不要诅咒不存在的爱，要去寻找爱显现的地方。问自己："爱在哪里？让我寻找它。我知道爱必定在某处。"

爱的回归之道：爱的选择练习

我很乐意向你再介绍一些"爱的选择练习"。我设计出这些冥想技巧，为你提供简便有效的方法，让你每天都能做出爱的选择。

～呼唤爱～

如果你读过我写的《心灵觉醒》，你就会熟悉"呼唤光明"的有效练习。我对其进行了调整，设计出一种名为"呼唤爱"的技术。它旨在帮助你唤起内心爱的波动。每当你感到被卡住，不够"多汁"，与你的心灵在情感上脱节，需要对自己和他人散发更多的慈悲时，或者当你只是想体验更多的爱时，就可以做这种"呼唤爱"的练习。

～呼唤爱～

闭上双眼。深入、缓慢、充分地呼吸若干次。

掌心朝里，将双手放在心脏部位，靠近身体，但是不要紧紧地压着身体。

现在，想象你的内心深处充满大爱的无限海洋，它就像一片闪耀着光明和喜悦的海洋。感觉你渴望被爱之海洋充满，并成为爱的海洋。

当一切就绪时，缓缓地生起如下清晰的念头：

"我呼唤更多的爱。"

如果你愿意，你也可以温柔而又大声地说出如下的话："我呼唤更多的爱。"

不要试图在脑海里观想任何东西。只是静下来、臣服、敞开。将你的觉知导向内心。你并不是呼唤来自上方的爱，也不是向外部世界寻求爱。

缓慢、深入、虔敬地呼吸，感受自己浸泡在爱中，啜饮甜蜜、慈悲和恩典的甘露。

继续下去，每隔一段时间就生起如下宁静、细微的念头："我呼唤更多的爱。"然后敞开自己。

保持坐姿，持续几分钟，当你觉得可以结束的时候，双手放在胸口，像是在祈祷，稍微低头，然后大声说三次

"谢谢！"

完成后即可睁开双眼。

"呼唤爱"是一种非常有效的练习，可以帮助你向爱敞开，因为爱就是你的真我和真实本源。它会立刻提升你的波动，并且培养向内而不是向外寻求爱的体验。

通过这样的练习，你可能会注意到内在具有更多安宁、甜蜜和慷慨的感觉。你会体验到评判、愤怒或焦虑等负面情绪得到了缓和。

爱的选择即时重新校准练习

爱能比其他任何事物更快地扩散我们的波动。鉴于此，我设计了另外一种更易于操作的练习：**爱的选择即时重新校准练习**。它可以在几秒之内改变你的波动。

正如你所见，当你意识到很难对某个困境、某个人或自己产生爱和慈悲时，可以进行这样的练习。这种技术让你的大脑"重新布线"，并且重新对它进行校准，这样你就可以更容易地将这种扩展的波动带到你当下的状态。

爱的选择即时重新校准练习

* 假如你在某个特定的时刻，不能在某个困境中找到值得去爱的东西，就立刻在周围寻找其他可以让你去爱的东西：你的狗、你的猫、你的绿植、你喜欢看的电视剧——

找某件对你没有构成挑战并且能给你带来快乐的事物。

只需要找到能让你产生爱的事物，并让其在你的觉知中持续 15 秒。让你自己沉浸于其他能够给你带来爱的体验的事物中（狗狗、新跑鞋等）。感受那种爱的波动。它将对你进行重新校准，让你更能接受平静的能量，让你更容易做出爱的选择。

*如果你很难对某个人产生爱、容忍或接纳，那你就想想生命中其他你真正爱的人——伴侣、朋友、亲戚、导师——用爱的觉知忆念他们 15 秒。你也可以与他们通 1 分钟的电话。

然后，你就去感受通过专注于对那个人的爱而获得的开阔感。漂浮在那种感觉里，并持续一段时间。这将会重新校准你，让你获得更开阔、开放的能量，让你更容易做出爱的选择。

*如果你在某个特定的时刻很难爱自己，那么就找一些自己身上可爱的事——回想一下你对某人的善意，或者对某人的帮助，或者你对某个人生活的改变。大声说："我因……为自己感到骄傲。"并至少列出一件事。

> 这样，你就能感受到这种振奋的能量，并尊重你的这些特质。回味一下这种感觉。这将对你进行重新校准，让你拥有更感恩、更慷慨的能量，让你更容易去选择自己。

日常行动中七个爱的关键选择

在日常生活中，是不是有一些费时很少的事情，能帮助你重新布线，让你连上爱的波动？是的，有这样的事情！我将它们称之为"日常行动中七个爱的关键选择"。正如你所看到的，它们之所以被称为"行动"，是因为它们能够在几秒内将你提升到最高的波动。

理想情况下，你每天能够完成所有这些练习，它只需花去你几分钟的时间。我建议你至少尝试练习几次，这样你就能获得这个技能的全部利益。但是，你也可以任意选择这七项里的一项。**每天寻找机会去做这些练习的过程本身就是一种深刻的爱的选择。**

> **日常行动中七个爱的关键选择**
> **1. 感谢你通常不会感谢的人。**

2.用别出心裁的方式表达你的爱，或者对那些没有准备的人表达你的爱。

3.对你今天所做的展现最佳自我的事情表达敬意。

4.对你今天所做的未能展现最佳自我的事情表示宽恕。

5.对你通常会评判的人散发慈悲。

6.在平凡的日常生活中发现奇迹。

7.停下你手头正在做的事情，花一分钟对获得这一天的生命表示深深的感谢。在这一分钟里，思考一下昨天地球上大约有154 300人离开这个世界。

当你每做一次这个练习的时候，就有100个人离开了他的肉体。当他们从这个世界启程远去的时候，请向他们献上你的祈祷。

然后，双手放在胸前，怀着极大的感恩、喜悦和卑谦之情，将以下的话大声说三次：

"今天，我还活着！

今天，我还活着！

今天，我还活着！"

如何进行日常行动中七个爱的关键选择

1. 感谢你通常不会感谢的人。

你通常不会感谢谁？也许你的孩子每天早晨都会整理床铺，但是你有段时间没有感谢他。也许你付费给某人让他为你服务，所以你觉得没必要感谢他。不要只是对你的伴侣说你爱他／她，对于那些你通常认为是理所当然的事情，表达出你的谢意。感谢陌生人所穿的绚丽衣服，让你度过了愉快的一天。这个练习只需要花费 15 秒，但是它的影响可以持续更长的时间。

2. 用别出心裁的方式表达你的爱，或者对那些没有准备的人表达你的爱。

用一些别出心裁的方式表达你的爱，可以让你超越平常的"爱的输出"。这让你开始主动地反思，我怎样才能表达我的爱？而不是在某种程度上假设你会去爱。

给某人打电话，给某人发信息，让他们知道你爱他们。写信给高中的老朋友，让他们知道你以感恩之心想念他们。你生命之中必定有 365 个人，所以你可以每天更新这个名单。以一种新的方式向你生命中的某个人表达爱——留下一张便条、买一些花、说一句你通常不会说的话或者做一件你通常不会做的事。要有创意！

3. 对你今天所做的展现最佳自我的事情表达敬意。

通常我们会反思一天的行为，搜集我们失败的证据，忽略我们内在的成就。"我不该这样做。我不该这样说。我不该吃那个。"这些想法是非常没有爱的。请为你今天所做的某件展现最佳自我的事情对自己表达敬意。"我当时正要讽刺某人，但是我吸了口气说：'我明白这将造成很大的紧张。'""我发现一位女士将购物清单掉在商店的地上，所以我捡起来还给她了。""我堵车了，但没有发脾气，而是利用这个时间聆听令人振奋的讲座录音。"

这有助于将你重新校准到最高的状态。

4. 对你今天所做的未能展现最佳自我的事情表示宽恕。

每天我们都会做一些自己不希望发生的事情，或者我们希望我们能把它做得更好。同样地，不要利用这些事情来批评或者惩罚自己，要主动去宽恕自己。留意发生的事情，这样你就可以改进，要对已经发生过的事情散发爱和慈悲。回想你觉得不满意的任何事情，用宽恕之心清洗它。

5. 对你通常会评判的人散发慈悲。

通常情况下，每天你都不可避免地遇到让你不快、刺激你、惹怒你的人：在你前面慢悠悠开车的人，电话中说话含混不清的客服代表，脾气暴躁的同事。花片刻的时间，用慈悲之心观察这些事情。记住：你可以对某人散发慈悲，但是依然可以认为他做得不对。这样去想："对你的不开心，我感到抱歉。愿你获得宁静。"当然，只要你生起这个念头，你就会将自己提升到一个更加宁静、充满爱的波动之中。

6. **在平凡的日常生活中发现奇迹。**

每天，因为我们不留意，我们会错过一百万个奇迹。从中选一个，去体验它所具有的惊人奇迹，花 30 秒钟让自己沉浸其中。留心窗外美丽、高大而又优雅的树木，欣赏如下的事实：当你动念头让手指移动，它就能移动；观察天上的飞鸟，惊叹于它的自由；在超市里穿行，为它聚集了如此丰富的食物感到惊喜。将注意力放在普通事物之中蕴含的崇高意义上，你就会立刻提升自己的意识。

7. **停下你手头正在做的事情，花一分钟对获得这一天的生命表示深深的感谢。**

即使你忘记做其他"爱的选择日常行动"，我还是要推荐你做这个练习，它只需要花 30 秒时间。你可以随时进行这个练习。我喜欢将它作为我早晨的第一件事，以尽可能高的波动开启我全新的一天。毕竟，每天早晨，当我们醒来的时候，我们都应该感激我们获得了新一天的生命和呼吸，而有数十万的人却没有如此幸运。

每次我都宣布："今天，我还活着！"我重新校准到最高的真理，不管我有多少事情要做，不管我将遇到什么样的挑战，我都能正确地对待它们。

我邀请你开始练习这"七个爱的关键选择"。尽力寻找实践以上练习的机会，仅仅是养成这样的习惯也能给你带来许多即时的、提升性的波动转换体验。

你可以将这些练习复制到你的手机或者平板电脑上。如果你在某天突然发现自己处于困境、压力、自我放纵或愤怒之中，请拿出这个清单，选择其中一个"爱的选择日常行动"。片刻之间，你就会开始感受到你的能量变化，你的思绪变安静了，你的心也变得开阔。

爱不是一种态度。我们"正在爱某人／事"与处于"爱的状态"看起来不一样，听起来也不一样。我们需要不断真正去爱，记住每个爱的选择会让下一个选择更容易，每个爱的选择都在改变世界。

当你处在自身爱的空间时，它会自动提升你周围所有人的心灵状态。

当你处于自己宁静的空间时，它会通过波动引导其他人也靠近他们自身的宁静。

爱就像一束伟大、不灭的光，照亮它所触及的每一处，点亮每个人的心灵之光。

你爱得越多，就会让越多的人同样地去爱。

而他们也会给其他人更多的爱，其他人又会接着给下一个人更多的爱。

这样，你的爱就会疗愈整个世界。

11 用觉醒的心灵
服务世界

几千年来，人们一直在寻找，希望亲近伟人，他们认为伟人的出现会与内在共振，伟人的面容能够唤起我们作为人类的最高状态。无论他们是去拜访一位觉悟的导师还是圣徒，这些朝圣都是出于一个目的：渴望与那些和内在紧密相连的人产生联系，接近那种波动，希望体验到它的祝福。

我们被那些散发伟大"灵魂之光"的人所吸引，就像人们夜晚集聚在炽热的篝火旁。我们会因此感受到鼓舞、振奋和安慰。如此，一切都被照亮，神秘和未知就不会显得那么可怕。通过我们关于波动之心的全新教导，我们明白，仅仅通过靠近心灵大师，通过他们高级和纯净的波动水平，就可以重新校准我们自己的波动。

有一个美丽、古老的梵文词汇可以描绘这个现象——通过面对一个强大的、充满爱的、光芒四射的人，从波动上获得提升，这个词是：darshan（见）。我之所以使用这个词汇，是因为在所有语言中，它是唯一能阐明我们的心和爱如何能够改变他人的词汇。在西方传统里，人们可能使用"祝福"这个词，虽然它具有不同的意义。

"darshan"来自梵文的"darana"（视觉），从词根"D ṛś"（看）衍生而来。它的字面意思是"视觉"或"看到"。通常情况下，它的使用语境是拜见圣人或者伟大的古鲁，去接受他们的"darshan"，意思就是在他们面前，看到他们的"光"，被他们的光所提升。**"拥有darshan"或者"接受darshan"就是看到、瞥见，或者在某人面前体验到最高的存在。**

几十年前，有人告诉我，他们将要去拜访一位知名的印度大师，因为这位大师要给他"darshan"，这是我第一次听到这个词。我记得，我当时还在想"darshan"到底是什么，我猜测它可能是某种礼物，被加持的东西，或者是某种特别的课程。直到我具有这样的体验后，我才明白什么是"darshan"，"darshan"的确是指体验到某种礼物，但是它是最高存在波动的礼物，是一种与最高存在共振的波动。

"darshan"是一份神圣的波动礼物。

在面对某人的时候，我们体验到他的高级波动水平，这种波动在此刻就会重新校准我们，提升我们的波动，将我们抬高至我们最高的存在状态。

因为"darshan"与存在和波动有关，所以，超越了任何语言和对话。它甚至超越了时空。例如，一位圣者可能只是走过一群人，但是这群人看到后就会说："我们获得了这位圣者的'darshan'。"当在电视上看到一位智者，阅读一本经典，甚至是看到某个觉悟者的照片时，有些人就会觉得他们的心灵就确定无疑地被打开。这并不是指他们实际看到了什么，而是指他们体验到的一种深刻的内在转变——内心光明的增加。他们如是说："当我看到他的那一刻，我觉得似乎被平静的海洋所拥抱"，或"她看着我，我感觉到有人在向我心中倾泻爱"，或"只要他开口讲话，我觉得我整个人都敞开了。"

我们大多数人并没有拜见圣者或导师的特别机会。但是，我分享这个道理是出于一个非常重要的原因：

事实上，当人们来到你面前，他们总是在接受你的"darshan"——意思是你总是将你自己心灵的某种波动体验"给予"他们。他们"看到"你的波动体验，体验到你心识的"darshan"。当然，你也总是接受到他人心中的"darshan"。

在前面的章节，我们介绍了心灵发出强大电磁能量场的科学知识。我相信物理学有一个科学的术语描述你的能量场的波动会影响到另外一个人的能量场，但是你可以看到，为什么我喜欢"darshan"这个神秘的术语，这个概念的存在比我们所知道的频率、量子力学和亚原子早几千年。你心灵的波动品质会影响到你周围每个人的能量。你的心和我的心，以及所有人的心都互相交流，相互给予"darshan"。

现在我们开始明白，我们是如何改变彼此的波动，以及做出爱的选择对我们自己和整个世界有着怎样的真实影响。

其他人内在是否具有连贯性，不仅从情绪上，而且在波动上深深地影响到我们。

当我们感受到他人在非常高级的和谐和爱的层次波动时，不管我们是否意识到，我们的心都会认识到这种状态。

我们身体的某部分开始了忆念的过程，重新进行校准。

我们自己的灵魂高扬，唱诵着最崇高的旋律，就好像要去与另外一个人的觉悟心灵相配合，并且融入到他的高级波动中去。

我们正在接受"darshan"——爱的祝福。

你是否会对他人产生影响，这并不取决于你的选择。它是自自然然、水到渠成的事情！那么，你想如何影响别人呢？当你出现时，人们体验到什么样的"darshan"？

他们是在体验你最高自我的"darshan"，还是在体验你狭隘的"darshan"？

他们是在体验你爱和慈悲的"darshan"，还是在体验你具有评判和情绪化的"darshan"？

他们是在体验你内心平静和谐的"darshan"，还是在体验你焦虑和激动的"darshan"？

我知道，我一直想通过我的出现，给人带来这样的"darshan"，它充满着我的爱、我的光和我最高的存在。这难道不是我们所有人期望的吗？我们难道不想通过我们的真实自我让人感觉良好，让人得到提升、获得快乐吗？

生活在爱的波动中，你处处给别人带来祝福。你甚至什么也不需要讲，不需要打动人，不需要刻意表现，不需要去修正别人。你可能在超市购物，或者可能与朋友坐在一起，或者在拥挤的大街上从陌生人身边走过。你开放的心灵带来的"darshan"将会以隐形和神秘的方式祝福你遇到的每一个人。

做出爱的选择，你就会成为一个强大的爱的波动场。

这种爱将成为一种波动的祝福和恩典。

你所拥有的爱的状态将通过波动让别人进入他们爱的状态中。

你做出的爱的选择将会带来深远的影响——它将通过工作、生活和行为的方式展现在所有人的面前。这样的方式与"我应该去爱"的态度不同。真正的爱不限制自己，也不勉强自己。它非常丰盈，它不会吝啬，它会持续流动。

> 当天使来访的时候，我们听不到他们展翅的声音，也感受不到鸽子胸部般轻柔的触碰；但是通过他们在我们心中带来的爱，我们感受到他们的存在。
>
> ——玛丽·贝克·艾迪

有一次，在我的每周电台节目中，有人打电话告诉我，她一生都在努力联系天使。她竭尽全力，想知道她的天使是谁，如何才能接受到天使给的祝福和保护。虽然有一些奇特的、天赋异禀的人能幸运地和彼岸世界建立明确的联系，但是我们大多数人并没有这种能力。与此同时，从她告诉我的情况来看，这位来电者已经脱离自己的人性，对其他世俗的事情不感兴趣，与其他人的互动方式非常不健康。

"我一直在寻找，不断寻找！"她抱怨道，"但是即使我祈祷、冥想，我也找不到任何天使。我觉得天使拒绝了我。我该怎么办？"

没有经过任何理智和专业知识的思辨，我心中立刻出现了答案，我听到自己回答说：

"或许你该停止寻找天使了，你应该把自己变成一个天使。"

这句话在我的意识里引起了强烈的共鸣。（谁知道——或许是我自己的天使给我传达了这个信息！）无论这句话的来源如何，都给我们所有人传达了一个重要的智慧信息：

我相信我们来到世间是为了向彼此展示最高的爱、慈悲和智慧，并帮助我们将这个星球的波动提升到和平与和谐的状态。这强化了我们坚定不移的信念：不断做出爱的选择，将我们自己的波动尽可能转变到最高的频率。这就是我们每个人的贡献方式。

你来到这个世界，是为了展现神圣的爱，在天堂和人间架设一座桥梁。当你觉醒并安住于自身爱的能量场时，你就成为他人和世界的祝福。

不要去寻找天使，让自己成为一个天使。

疗愈世间的心碎

> 如同现在这样，有时候我觉得我离家甚远。
>
> ——芭芭拉·安吉丽思

你有没有过这样的感觉，觉得自己一定是生活在一个错误的星球？或许，有时候你觉得其他更落后世界的人被故意送到这个世界，目的就是为了惹恼你，让你生气，使你心烦意乱。你与那些狭隘、偏激、麻木、无知、残酷和粗暴的人发生冲突。你见证并听闻了一些恐怖的事情，觉得完全不可理喻，心想："这其中必定有误会。我怎么能和这些可怕的人处于同一间宇宙教室呢？"

几年前的一天，我有这样一次经历，我在本地健康食品商店的公告栏看到了一张海报：

"说真的，我不知道什么时候 UFO 降临此地，卸下这些愚蠢的人，很显然，他们不打算再回收这些人了。"

这张海报很有趣，它所提出的问题也是我们许多人在个人和内在转变的道路上经常要碰到的。

我们是有愿景的人，如果我们还记得，我们一直梦想着帮助建立一个更好的世界。

我们是理想主义者。

我们渴望真理，渴望自由，渴望我们自己和整个世界的提升。

然而，他人和自己不断地犯错，让我们失望、沮丧，这些与我们的理想不断发生冲突。"世人到底出了什么问题？"我们迷惑不解。我们身上的某些古老、高级成分知道我们不应该这样去生活，因此我们的生活中充满了心碎和思乡之情。我们觉得离家很远。

在我的生命中，我为自己流了许多泪，也为我所珍惜和失去的人和事流下许多泪。但是最让我伤心流泪的却是这个世界的残酷无情。

我们为自己哭泣过，也为这个世界哭泣过。

我们有个人的悲伤，也有我所说的宇宙的悲伤。当我们不是为自己心碎，而是为这个星球心碎的时候，这就是宇宙的悲伤。

在我记事的时候，我就感受到宇宙悲伤之浪的冲刷，觉得这个世界可以，也应该比目前更好。**随着年龄的增长，我开始了有意识的心灵之旅，我意识到我是这个世界的一部分，这意味着我不应该与这个世界分离。**我需要关注如何才能让自己变得更有爱、更觉醒。

尽管我们承诺做出积极的改变，包括我在内，我们所有人本身也是帮助者、疗愈者和提升者，但是当我们环顾四周，看到这个世界有那么多的痛苦和无知，我们就会想：

316

"难道我不能逃跑，生活在一个岛屿上，让那些正在摧毁一切的人相互毁灭吗？我难道做得不够好吗？我为什么要来解决这些问题呢？" 纵观历史，即使是伟大的圣人、大师、人道主义者和那些有远见的人也会因这个世界存在的黑暗势力感到沮丧和疲倦。

在我写这本书的时候，我们这个世界正处于非常动荡和恐怖的时期。当我一直在努力撰写这本书，思考关于爱、慈悲和疗愈心灵的选择时，令我感到震惊的是，我看到我们所有人的黑暗程度都在不断上升。在过去几个星期，我稍微休息了一下，每天我站在电视机前，目睹了最近发生的各种屠杀、袭击、谋杀或爆炸的报道，我在哭泣，难以相信接下来还会发生新的噩梦。我一直在问自己，对于每一个积极的探索者，这个问题可能很熟悉：

人类为何陷入这样的仇恨和暴力？

人类怎么会对同胞如此残酷无情？

人类怎么可以袖手旁观，任由恐怖主义、独裁、腐败和不人道的行为发生？

答案就在这本书的文字里：**正是因为人们否认"大我"，才会让邪恶存在于这个世界。**

所有虚妄的分离彼此之间丧失了最终的心灵和波动关系就是肇因，这催生了整个世界的黑暗——从彼此之间小小的不善或偏见，一直到每一场战争、每一次暴行、每一次难以

想象的不人道事件的发生。

否认"大我"的人宣称:

"你和我毫不相关,因此,你不属于我,与我没有一点关系。你不是我,也不是我的,因此我谴责你。没有共同的绳索将我们捆绑在一起,所以我可以迫害你、虐待你、屠杀你,这些对我来说不算什么,因为你对我来说一钱不值。"

读起来让人不寒而栗,不是吗?我写出来都感到不寒而栗。当然,你们都不是这样的人。如果你无法理解黑暗,这是一个好现象——这说明你已经从"小我"意识进化到"大我"意识,所以不人道地对待他人的概念对你而言就完全不可能。尽管如此,我们都需要抵制诱惑,防止关闭我们的心灵,令其陷入一种更细微、不那么致命,但是却仍然是不健康的形式,从而与我们周围脱节,也和我们的内心脱节。

这是什么意思?我们必须足够勇敢,发现没有做出爱的选择的所有形式。

我们固执地坚持幻想,认为自己和他人是彼此分离的,即使是真理道路上的高级灵修者和探索者,也会不知不觉地偏离爱的轨道。我们可能不会逃离,去找一个荒岛,但是我们会通过与"大我"切断联系,或者通过贬低"大我"为自己找一个出口:不仅是对于整个世界,对于我们所爱的人,我们的同事和我们的家人、朋友,我们都不需要太过于关心,也不需要太具有慈悲。如果是这样的话,能带来什么样

318

的觉醒结果呢?

> 人性之心在所有人心里都安了弦。
>
> ——以利法·里维

在上次的每周电话授课时,我跟我的学生谈到这个话题,其中一个学生评论道:"世间所有消极的东西都让我不堪重负。我决定不参与其中。"当听他这样说的时候,我笑着回答说:"但是,亲爱的,那是不可能的,因为没有'出口'。"

你无法不与内在／本源合为一体。

你无法不成为整体的一部分。

你无法不来自那个相同的爱的本源。

你无法不处于这一切之中。这就是一切。

没有"出口"。

我想分享幽默作家安德鲁·博伊德所写的一些深刻、富有诗意又充满伤感的话:

"当你觉得与万事万物联系在一起的时候,你也会觉得需要对万事万物负责。你无法逃离。你的命运与其他人的命运休戚相关。你要么学会与宇宙同行,要么被它压垮。你必须变得足够强大,才能爱这个世界,你必须把自己清得够空,才能与这个世界最恐怖的事情共处。

"寻求觉悟就是寻求毁灭、重生,并且挑起担子。你必须准备好去触摸天堂和地狱里的所有事物，并被天堂和地狱里的所有事物触摸。

"我和宇宙是一体的，这很痛苦。"

这些流畅的语言里饱含了智慧和恩典。"我和宇宙是一体的，这很痛苦。"这是痛苦的。然而，有别的什么选择吗？对我来说，没有其他的选择。我不能不关心，不能不服务，不能不被一切所触及。事实上，我们都不能。

我相信这个令人痛苦的心碎状态有一个补救措施，我已经在我们"爱的选择"之旅提供了这个方案。它包含三个主要成分：爱、慈悲和卑谦。

我们找到了为自己和他人提供爱的方法。我们以慈悲来对待自己，对待这个世界和这个世界的痛苦。我们记得灵魂有一个无限的特权，这个特权就是活着、清醒着，卑谦地尊重我们服务他人的责任。

在彼此身上看到上帝。

——斯瓦米·穆塔南达

斯瓦米·穆塔南达是 20 世纪最伟大的圣人之一，他是悉达瑜伽道路的创始人，在 20 世纪 70 年代从印度来到美国。他的信众称呼他为"巴巴"，巴巴是我内在传承中的一位老师，我有幸跟他学习过。许多年前，我还是一个少女，我决心追求我的内在成长，并且成为一个冥想老师。当时，我第一次听到巴巴的著名教导："在彼此身上看到圆满。"

我喜欢这个概念，但是它经常与我的直接体验相冲突。当我被某些事情激怒或挫败的时候，我会感到内疚。"我当然不会在那个人身上看到圆满。我看到了漫不经心。我看到了固执。我看到了自私。我看到了愚蠢。我想如果我看不到这些，我就是一个觉悟的人。"

当然，当我在心灵上成熟之后，我明白了在彼此身上看到圆满并不是说只看到最好的存在，而忽视其他一切事物。**我的经验是，当我们已经扎根于我们的开放意识，我们就会自动地感知到他人身上的最高状态——光／纯净的性灵——是如何被掩盖、被折弯、被堵塞、被扭曲，以至于变成不同的形状，这样就不能让它纯净的本质显露出来。**

爱的选择意味着选择看到一切事物。

"在彼此身上看到圆满"并不意味着只能在彼此身上看到圆满。

它的意思是不要忘记在看到圆满的同时，还要看到其他的东西。

美好的爱，一次一滴

我们的任务不是一次性修复整个世界，而是伸展出去，修复我们力所能及的部分。每个灵魂能够给他人提供一些细微、平静的帮助，帮助这个可怜、痛苦世界的某个部分，这些帮助虽小，但是作用很大。

——克拉利萨·品卡罗·埃斯蒂斯

以下，我将重述一个我一直喜爱的美国原住民短篇寓言。

一天，在一个宁静而辽阔的森林里突然爆发了一场火灾。火焰在森林里肆虐，惊恐的动物们离开了自己的家，逃离森林里蔓延的大火。它们四处逃窜，最后喘着气，颤抖着来到一条河边。它们聚在一起，悲伤地回头看着大火摧毁它们的家园。

它们注意到一只小蜂鸟在水边盘旋，扎到河面，用嘴蘸了一滴水，然后飞回火焰，将那滴水洒到火焰里。"不要这样做！"一些动物大喊，试图警告这只蜂鸟，"你的翅膀会被烧焦，你会死的。"

"它发了什么疯？"其他动物笑了起来，"真是愚蠢！它真的觉得它能改变现状吗？"

蜂鸟不断地来来回回，带着小小的水滴，完全无视其他动物的喊叫和嘲笑。

当它再次前往河流的时候，蜂鸟看到一只巨鹰在它身边俯冲过去。"小鸟，你在干什么？"巨鹰问。

疲倦的蜂鸟抬头看了一眼巨鹰，回答说：**"我正在做力所能及的事情"**。

我喜欢这个故事。当我们反思如何为他人、为世界服务的时候，这给我们许多启发。**我们常常觉得自己是微不足道的，对这个世界的贡献也是微不足道的**。我常常遇到很优秀的人，他们觉得自己不成功，因为即便他们有令人满意的事业，但是他们不出名。我遇到一些人，他们为自己的家人，为某个小团体或某个组织提供无微不至的照顾，但是觉得自己在某种程度上失败了，因为他们的爱和服务没能惠及成千上万的人。

我们生活在一个许多研究人员和心理学家所认为的电子自恋时代，直播表演能够让人立刻成名，天才到荒诞都能让人在网上一夜成名，每个人都有自己的自媒体频道，对自拍、社交媒体和在线状态非常迷恋。**流行的看法是，如果没有人关注你在做什么，那你就没有什么价值**。这里有一个古老的哲学问题："如果一棵树在森林里倒下，无人听到，它有没有发出声音呢？"或许它已经被下面这个问题取代了："如果我做了某件事，而不把它发布到网上与人分享，那我到底有没有做过这件事？那这件事又有什么意义呢？"

数字时代是个奇迹。数字时代创造了许多不可思议的可能性，正在以极其有益的方式改变着世界。**然而，过分专注于外部认知产生的持续量化标准，已经影响了我们所有人，我担心它会导致一种情绪和心理上的流行病，认为外部关注量不够的事情就不重要。**

仅仅因为只是改变一个人，而不是一千人，就没有意义、不重要吗？仅仅因为你没有将你的付出写成一本书，或者没有因为你的付出而出名、变得富有，就没有意义吗？如果你帮助一位朋友敞开并疗愈他的心灵，或者照顾一位亲属，让他恢复健康，或者义务教某个孩子去跳舞或打球，难道这就不重要了吗？

用线性的方式来衡量你的付出带来的影响，剥夺了你带着纯净、付出的心做事而获得的纯粹快乐。你可能永远不知道你通过爱、关怀和慈悲的行为多么深刻地转变了那些接受这些礼物的人。

做力所能及的事情。每次做一点。

从大处着眼，从小处着手。

你所做的一切都很重要。

它没有解决所有问题，并不意味着它毫无用处。

当你带着伟大的爱去做一些小事情，去呵护、慈悲、服务，这些行为就变得伟大。

用你的爱来摧毁黑暗

> 这个名为地球的飞船上没有乘客——我们都是机组成员。
>
> ——马歇尔·麦克卢汉

随着我们每个人都进化到"内在成人"的状态，我们必须面对这样一个不幸的现实，虽然我们可以用许多方式来帮助别人，但是还有更多的事情我们无能为力。我们对自己和他人的慈悲越多，我们就越能了解到其中的差别。**但是，不管在什么情况下，我们都可以做一件事：提供祝福。**

我通过每天看新闻来进行这种练习。听到我看新闻，有些人非常吃惊。"你是心灵导师。难道这不是将你自己暴露在许多负面能量之中吗？"他们问我。其他人解释："我不想让这些恐怖的消息给我带来沮丧和愤怒，从而毁坏我的情绪和内在状态，所以我就不读新闻，也不看电视，让自己受到保护。"

我尊重每个人的自由，他们可以自行选择如何生活。**然而，我并不认为选择将自己封闭起来，两耳不闻窗外事能够称为爱的选择——大多数情况下，这是选择逃避，选择否认，选择冷漠。**然而，这样并不能带来保护、利益和仁慈。

每天，我都会去了解美国和世界发生的事情，因为我觉得有义务去了解我的同胞们有什么样的遭遇。我看到那里有人在受苦或者被惊吓，那里有人正在悲伤之中或者遭遇无法想象的灾难。了解到正在发生的事情，告诉我们需要如何带着慈悲、祈祷和爱去"服务"。

在这些情况下，我要怎么做呢？我要如何去服务？

首先，不管我看到的或者读到的新闻给我带来多么不舒服的感受，我都敞开心扉，让自己完全感受到它的影响。

接下来，我闭上双眼，想象所涉及的人——一个人、几百个人或几千个人——并想象用最温柔、最慈悲的爱去拥抱

他们。我和他们一起，为他们哭泣。我不断低语："我很抱歉。"我尽可能多地对他们倾注关怀和安慰的能量，把这些能量想象成金色的光，渗入穿透，并进入他们的存在。

最后，我为他们祈祷，为以下因痛苦而悲伤的灵魂祈祷——被杀戮的人，被伤害的人，因水火、饥馑、地震或意外失去家园的人，自然死亡的人，横死的人。我祈求祝福，使他们得到安慰，使他们得到引导，获得平静和仁慈的疗愈，希望他们被神性的爱所包裹，沐浴在恩典之中。

我相信这些方式能够以微细的形式通过能量传递给别人。它们是从我的内心发出的波动护理包，通过神秘、隐形的网络传递，密切地联系我们所有人。

当然，不让地球上发生的恐怖事件干扰到我们原本"平静"的心理状态，不让那种称为现实的东西污染我们的"安宁"，我们就能更"愉快"地过着我们自己的生活。

但是如果你一直不敢接受真相的吹拂，你自我的意识状态能够有多稳定呢？

如果你的心没办法容纳并且稀释陌生人的痛苦，甚至5分钟都做不到，那么你心灵的海洋到底能开放到什么样的程度呢？

如果凝视黑暗片刻都让你感到害怕，那么你的光明能够有多耀眼和稳定呢？

这个星球是我们的家园。正如我们所知，我们都是通过波动相连，无论我们是否愿意承认，甚至无论我们是否意识到它，我们都在感受整个世界给我们带来的痛苦之浪。我们是所有人经历中的不可或缺的一部分，因为"大我"是真实不虚的。正如已故的马歇尔·麦克卢汉在我上面分享的引文中所说："我们都是机组成员。"

有一些人说，当你感到幸福并获得提升的时候，不应该将自己暴露在周围的黑暗中，从而"让自己失望"。**我的回答是，如果你是一个有觉知的人，当你有幸获得了一些安慰、安全感和好运时，你就更有义务去祝福那些没有这些经历的人。**

如果你度过了美好的一天，那些今天不开心的人就需要你的祝福。

如果你目前的生活顺利而充实，那些正处于狂风暴雨中的人就需要你的祈祷。

如果你感到专注和平静，那些生活在恐惧和痛苦之中，不知道平静滋味的人就需要你的祈祷。

如果你被自己的痛苦所窒息，难道你不希望某个地方有个人在为你祈祷，祝福你，爱着你吗？

> 如果你是一个敏感的人，只需要走出门外，你就会感到心碎。
>
> ——吕克·李

"我们深信，享受自由的人必须铭记那些被遗忘的人。"

如果你是自由的，如果你感受到任何力量、希望和光明，你一定不要忘记那些失去希望、被人遗忘的人。

不要逃离这个世界的黑暗。

勇敢地面对它、观察它、感受它。

然后做出爱的选择来应对它。

爱是最高的服务

当我们的内在意识成长的时候，我们将自己与世界的万物等同起来——没有互相剥削。我们帮助的是自己，我们疗愈的也是自己。

——文卡塔斯瓦米博士

你给他人和这个世界能够提供的最好服务就是学会带着你最高的波动状态去生活。所以，做出爱的选择就是最强大的服务形式。你可以随时随地都做出爱的选择。你在工作的时候可能过得愉快，也可能过得不愉快，你在家的时候可能过得愉快，也可能过得不愉快。即使如此，你总是有机会实现自己最高的目标。

在爱生起的地方，你可以真正知道并连接上你自身的爱和善。在那个真实的地方，你也可以看到别人身上的爱和善。当你能够看到他人处于最高状态时，你就是在以最高存在的方式为他们服务。

你每天要如何为世界服务？

你对世界的服务形式就是保持心灵的开放。

你对世界的服务形式就是以同情心迎接他人和自己的痛苦。

你对这个世界的服务就是生活在爱的波动空间里，将爱的神性能量场带至你所到之处，这样，每时每刻你都是爱的通道，也是爱的使者。

爱是最高的服务形式。

你力量的源泉和真正的影响力就是你的爱。

你力量的源泉和真正的影响力就是你提升别人的能力。

你力量的源泉和真正的影响力就是你具有能力，给所有遇到的人提供一个安全港湾和庇护所。

这就是你服务的方式。

在前进的过程中带着一颗开放的心，这是你能够给予这个世界最伟大的礼物。

这是我最喜欢的"爱的选择练习"，也是我最先给学生们教授的技巧之一。它很简单，也很强大。你可以随时将其用在别人身上。我在这里使用了非常具体的措辞，这样它就能迅速、自动地帮助你做出最高的爱的选择。

爱的选择练习：我如何用爱服务？

当你和某人在一起，并且明确希望做出爱的选择时，问自己：

"现在，我如何用爱为这个人服务呢？"

调频到你的心灵－智慧，并聆听答案。闭上眼睛，稍待片刻，这样就会更容易。重点是要记住，正确的答案不来自理智的思维，因为理智的思维会让你想去为他做点什么。当你按照我的设计明确地提出这个问题——确保包括"用爱"这个词——你会对所获得的回应感到惊讶。

举例：你丈夫辛苦工作了一天回到家之后，看起来非常烦躁和紧张。"现在，我该如何用爱为丈夫服务呢？"你可能听到心里的声音说："让他一个人待着，给他一点安静的时间"，但是你的大脑却让你试图与他谈话，获取相关细节，并且给出建议，让他的感觉变得更好。即使在当时，不去"帮助"他可能显得违反直觉，你通过待在他身边，不要给他施加压力，不让他解释所有的事情，这样反而是更好地为他服务。

举例：你的员工一直在照顾她年迈的母亲，承受了很大的压力。她在处理某个账户时犯了一个错误，你非常沮丧。"现在,我该如何用爱心为我的员工服务?"你可能听到你内心的声音说:"指出她的错误,让她纠正错误,但讲话要简要。她今天接受的信息太多了,在情绪上可能已经过载了。等几天。"你的逻辑思维可能会告诉你,让她知道你多么不开心,并且给她一个最后通牒,但是这对情况于事无补,可能会制造更多的事情。

开始做这种练习的时候,你可能会向自己问好几次这个问题。当你收到正确的指导时,它就会引起你内心深处的某种共鸣——也就是我们之前讲过的觉知。

用爱服务他人的方式有无数种。有时候用爱服务他人的方式是聆听,或者即使别人看不到他们自己的最高存在,你也能看到他们的最高存在。有时候,用爱来为某人服务意味着告诉他们,当你看到他们受到伤害,不被尊重的时候,你有多受伤。有时候,用爱来服务意味着为别人做事,与他们一起笑,或者与他们一起哭泣。

你如何知道用爱为他人服务的最佳方式?你的心会知道。所以你需要去问你的心。

即使有时候，我们知道我们无法做出自己所期待的改变，也无法做出具体的事情，还是要提醒自己，我们还能持有并且能散发出爱的最高波动。我们贡献出通过最慈悲、最觉醒的心灵带来的"darshan（见）"。这是最神圣的服务形式。

爱的选择就是以大大小小各种方式去选择传递我们的爱。

我们无法为所有人做点什么，但是我们可以为某一个人做点什么。

每一天，我们都可以给这个世界略尽绵薄之力，让它变得比昨天更加美好。

> 有时候，我们的光会熄灭，但是当我们遇到另外一个人的时候，已经熄灭的光又瞬间被点亮。
>
> ——艾伯特·史怀哲

去年，有一对历经磨难的夫妇参加我的研讨会。"我勇敢的妻子一直与疾病做斗争。"男子站起来分享道，"我感到沮丧和无助。她是一个非常虔诚的人，一直依靠信仰渡过难关。她花很多时间祈祷上帝给她力量，让她疗愈，但是我只是一个普通人，并不能为她做任何特别的事情。作为丈夫，我不能给她所需的东西。我该怎么办？"

我回答说，"你可以拥抱你的妻子，你可以给她冲一杯咖啡，你可以帮她梳头，你可以亲吻她的脸，当她伤心的时候，你可以擦干她的眼泪，你可以讲一些她爱听的话。上天无法成为这样的伴侣。你需要这样去做。这难道不是一个很好的思考方式吗？"

这位男士和妻子相拥而泣。妻子想要的不过是丈夫作为人类所能给的爱。而丈夫想要做的只是以某种方式为妻子服务。丈夫只需要别人告诉他，他并不需要成为一个完美容器，不需要盛着完美的爱。

爱永远是你的救赎。它将带你超越自己狭隘的体验，将你扩展到最高的状态。它会将你连接到爱的源头，让你成为奇迹，帮助某人。

世界正在等待着你的爱

爱知道自己并不需要任何东西，爱只需要更多的爱。当我们用心去做事时，就能深刻地影响到别人。身体的动作或者头脑中的想法并不能传递爱。我们通过心灵来传递爱。

——玛哈礼师·玛赫西·优济

现在，有人正在某个地方等着你的光。有人正在等着被你感动。有人正在等着被你疗愈，被你改变，被你提升，被你激励。他们并不是在等你变完美。他们不是在等你给他们留下深刻的印象。**他们在等待你的出现。他们在等待你的爱。**

为了他们，你正在阅读这本书。为了他们，你勇敢地疗愈并且敞开心扉。为了他们，你在学习做出爱的选择，想知道这意味着什么。

爱想让你成为一个信使，你为什么要让自己失去资格？请接受这份宇宙提供的工作机会，并且说：

"我准备好了。如果需要我，请使用我。愿我成为宇宙的声音和手臂，成为爱之心。"

每天，你如果只做出这样一个决定——无论发生了什么，无论你还有什么事情要做，你都会不断地做出爱的选择——将会发生什么？

如果你做了这一件事，你就会发现，你和周围的人奇迹般地发生了转变。

记住：你并不是为你自己独自而活。

这个世界在等候着你的爱。

12 更加积极地去爱

> 当你在心中拥有此种非凡的爱时，感受到它的深度、欢乐和狂喜，你会发现，对你而言，世界已经发生转变。
>
> ——克里希那穆提

在我们的生命中，我们都有这样的经历，我们感受不到任何意义，我们怀疑宇宙万事万物是否有某种秩序，还是只是一种疯狂的宇宙游戏，我们只是随机地被抛掷。当我们瞥见意识的自性游戏错综复杂的神奇运作时，就会出现各种恩典的时刻——清晰、启示、爱，突然之间，一切都具有崇高的意义。

在某个星期三，我在贺氏书屋每周节目里接到了来自新斯科舍省一位名为塔尼亚女士的电话。每个线路都被听众占满，大家都等着与我讲话，但是某种东西吸引我先去和塔尼亚讲话。"我打电话来感谢你拯救了我的生命！"她颤抖着说。

我以为她这是譬喻的说法，想借此让我知道我的教导对她产生了多么大的影响，但是我错了。她接着说："我的意思是，你真的拯救了我的生命。"然后她分享了我永远不会忘记的一个故事。

塔尼亚解释说，一年前，她陷入了极度痛苦的心灵危机。她感到彻底的迷茫、沮丧、绝望和孤独。她竭尽所能，想了解绝望的根源，但是失败了，这让她更加心烦意乱。"所以，"她说，"我决定结束我的生命。"

"我非常清楚自己要做什么。"塔尼亚告诉我，"我处理好需要处理的所有事务，这样当我离开这个世界时，一切都安排妥当，我连如何自杀都完全计划好了。计划中的那一天到了，我开车前往一个废弃的瞭望台，打算从那里跳下去。我走到瞭望台边，在那里站了片刻，鼓起勇气·，思考接下来要做什么。我知道我在心里已经准备好了。我想要自由。

"突然，从我的眼角闪过了一片红色的东西，这引起了我的注意。我不能告诉你为什么，但是出于某种原因，我转过头来看看那是什么。当我看过去的时候，我意识到有人在长凳上留下了一本书。从我所站的瞭望台边沿，我可以看到那片红光是一本书的封面。**我无法解释为什么，但是在那一刻，我从将要跳下的瞭望台上爬下来，然后走过去看那本书。**"

塔尼亚讲到一半停了一下，我能听到她深吸了一口气。**"当我走过去，芭芭拉博士，我首先看到的就是你对着我微笑的脸。一切都在意料之外，就在我要自杀的地方，有人留下了你的书——《心灵觉醒》，它是红色的封面，躺在长凳上。**

"我完全不知所措，不知道发生了什么，但是我觉得我应该拿起这本书，然后打开它。我读到的第一句是：

"'我最高的存在欢迎你最高的存在，一起踏上伟大的觉醒之旅。我很高兴你还记得我们的约定，更重要的是，你如约而至，向我展示了你自己的情感和心灵自由。'

"芭芭拉博士，当我读到这几句话时，我觉得我刚被人从黑暗中解救出来，我立刻知道，我不仅不该自杀，而且通过某种奇迹，我已经找到了方向，找到了导师。**我不认识的某位天使将那本书放在那里，让我发现它。**"

我坐在圣塔巴巴拉办公室里，听着这个令人惊讶的故事，泪水从我的脸上滑落。后来，我收到了世界上其他地方听众的文章和信息，他们分享说他们也同样地流下了眼泪。

塔尼亚继续告诉我们，她坐在长凳上，开始阅读《心灵觉醒》，天开始变黑的时候，她才离开。带着这本书，她驱车下山，在接下来的几个星期里，她一遍又一遍地阅读这本书。她以前从未听说过我，但在知道我的电台节目后，也开始收听了。

"已经过去一年了，"她轻声说，"我已经脱胎换骨了。正是这本书的前面几页提供了我一直寻找的答案，并且解释了我一直理解不了的内在斗争。芭芭拉博士，如果当时那个地方没有摆放着你的书，我一定会跳下去的。"

很难描述我听到塔尼亚的话后心里的感受。那本书跟这本书一样，有超越语言之外的内容。它是一种爱的馈赠，通过波动邀请你达到某种疗愈和觉醒。当我写作的时候，我全心投入到每一处的遣词，每一幅插图的设计和每一个细节。写完之后，我放下一切。我不知道出版之后，每一本书将会有什么样的结局，会落入谁人之手。但我祈祷，无论谁与它有一面之缘，或触摸到它，当然还有那些阅读它的人，都能感受到它所包含的疗愈之爱的波浪。

塔尼亚接收到了。在新斯科舍省某个荒凉的山顶，在黄昏的某处，那本书奇迹般地等着她。当她站在悬崖边时，那本书在呼唤她，将她从死神手中拉回，回归生活。

我完全可以毫无保留地说，拯救塔尼亚生命的，是我对爱的选择。正是爱的选择从内心对我讲话，引导我选择写出《心灵觉醒》。正是爱的选择让我为我的文字和故事保留原样，坚持不被编辑删减。

正是爱的选择给了我灵感，引导我工作到深夜，使用家中的素材，设计出书籍的封面，并花费几天时间，选择那个引起塔尼亚注意的红色图案。正是爱的选择，迫使我说服我的那位杰出的出版商使用我的封面设计。

当我写《心灵觉醒》的时候，我不知道塔尼亚是谁，但我知道她在某个地方，我能感受到她和其他人在等待着我的文字，如同我在写《爱的能力》时能够感受到你们一样。每次我完成一本书之后，我就会将手稿贴近我的心脏，用尽可能多的恩典给它充电，我祈祷它能够成为一个载体，将最高的爱和觉醒能量传递给每一个发现这本书的人。我祈求祝福——为了他们的自由、幸福和觉悟。

在我完成《心灵觉醒》的当晚，虽然我还不认识塔尼亚，但是我为那些将会收到这本书的人进行了如此的祈祷。几个小时候后，当我完成此书的最后几页时，我也会这样去祈祷。

塔尼亚觉得我送给她一件无价之宝，但是我实际上觉得她也送给我一件无价之宝。她的故事让我想起了一个至高的真理，作为探索者，我们需要永远记住：

我们谁也不知道我们在生活中的付出会带来什么结果。

我们看不到它。我们想不出它。

这是造物之谜的一部分。

尽管如此，我们也要去给予、去服务、去爱，然后放下。

有人将这本书放在长凳上，其中具有某种无条件的因素。它是这个神奇故事的完美组成部分，因为当爱以最真实的形式出现时，它总是无条件的。爱从我们内心生起，并且从我们的身体扩散出去，因为爱必须这样，因为爱的目的是为了去祝福。**它将我们提升至我们最崇高的人性，激励我们不为荣誉或回报而爱，因为我们只要去爱，就会与我们根本的内在相聚。**

那天，我在电台和塔尼亚通话之后，她就发给我如下的信息，我将永远珍惜这条信息：

"在一个珍贵的时刻，你改变了我的生活，让我变得更好。我的翅膀和心都碎了，但是转眼之间，如同神奇的魔法，你的文字疗愈了我的翅膀，让我不再下坠。**我的心里充满了温暖，这让我在生命里做出了不同的选择……这是我为生命做出的选择**。从那一刻起，我就沉浸在你的教导和智慧之中，寻回了我所有的潜能，并重新与自我真相所在之处相连。我永远爱你。你是我的守护天使。"

亲爱的读者，塔尼亚这条精美的信息不仅是写给我的，也是写给你们的。

当你做出爱的选择时，你的语言也会帮助疗愈他人破碎的翅膀。

当你做出爱的选择时，你的爱也会帮助提醒人们认识到自己心中的爱，这样，他们就可以做出最高存在的选择，肯定生命。

当你做出爱的选择时，你也会成为一位使者，向他人传递爱，成为他们的守护者、天使，向他们生动地证明世界存在的意义。

我分享这个故事，是为了表达对勇敢的塔尼亚的敬意，表达对那个无名陌生人的敬意，不管他现在在哪里，他拯救了一条生命，他不知道他在长凳上留下一本书的行为触及了我内心的深处，他不知道世界上成千上万的听众听到我的电台节目，了解到他也参与了这个奇迹，他甚至不知道我现在正在提到他。也许他永远不会知道。

这是我最近一次，也许是最重要的一次爱的选择：

将你的书放在长凳上。

随处播撒你的爱。

随时付出。

你的"书"是什么？它是一个波动的礼物，每个刹那都从你内心深处出现——**你的善良之书、感激之书、智慧之书、慈悲之书、宽恕之书，它永远都是你的爱之书**。你把你的这本书留在某人心中的长凳上。他们可能会马上找到它，也可能不会注意到它。这本书可能会拯救他们，也可能只是安慰他们，也可能什么事情也没发生。这没关系。无论如何，请放一本这样的书。

把你的爱留在别人心中的长凳上，越多越好。

爱的付出永远都不会成为一种浪费。

最终，爱会找到它的行进方向，进入某个人的心灵，当那个人打开这本书时，你可能已经不在那里。

为爱准备，准备去爱

醒来吧，亲爱的。温柔对待你沉睡的心。将它带至光明的广大能量场，让它呼吸。对它说："爱，把我的翅膀还给我。让我高高升起，让我离你更近。"

——哈菲兹

我有一个美丽的大型石雕喷泉，它来自印度，坐落在我家后院的中心。这是我所在社区一群长期跟随我的学生送给我的礼物，我很珍惜这份礼物。我坐在电脑旁就可以看到这个喷泉，听到水溅落在池里发出的舒缓声音。

我的院子是各种鸟类喜欢聚集的地方，部分原因是我每天早上都为它们准备食物，但还因为我与鸟类有着非常亲密、神秘的关系，我相信我们以神奇的方式互相服务。当我写到这里的时候，我正看到一小群鸽子飞进来落到桌子上；我可以看到蜂鸟从花中啜饮花蜜；我可以听到几十只小椋鸟站在我露台边的大树上欢快地歌唱；一对红尾鹰优雅地飞过头顶。

鸟儿喜欢我的喷泉，喜欢从中喝水。我总是尽力保证喷泉充满干净的水，但是当天气变暖或刮大风的时候，水蒸发得很快。这时，我看到鸟儿们站在喷泉池的边沿，茫然地凝视着石质容器。它们知道那里有水。它们能够看到水。但是喷泉的水不再满溢，水位已经下降，它们小小的嘴巴已经不能够轻易够到水。

有一次，一只爱冒险的鸟儿希望喝到水，它的身子倾斜得太厉害，不小心掉进去了，它愤怒地拍打着泉水，最终找到平衡飞走了。然而，大多数时候，鸟儿们都在等待，或许它们不明白发生了什么，但是希望喷泉很快能够再次充满，这样它们就能喝到水了。

谁能够知道，有一天谁会走过来，啜饮你心灵的泉水？

谁能够知道，有什么样饥渴的灵魂会向你寻求安慰和慈悲？

让你的心一直满溢着爱的泉水。

不要让人费力地靠近你。

让你的心满溢，流向万事万物、每一个人、每一处。让你自己做好准备去爱。

让你自己为爱做好准备。

每次，你获得疗愈并且放弃旧有的模式时，你不仅做出爱的选择，还正在为更多的爱做准备。

每次，你练习我所提供的某种技巧时，你就为更多的爱在做准备。

读到这些话的时候，你已经为更多的爱做好了准备。

为爱做好准备，准备好去爱，提醒你自己，在某个地方，爱正在为你做好准备。

你会在这个世界留下什么样的足迹？

当你在这个世界的时日已经接近尾声的时候，你将如何改变它，为它做贡献，提升它，祝福它？

行进在心灵的道路上，在上面留下爱，

只选择爱。

我将在你灵魂的中间行走。

——俄克拉荷马州切罗基人的爱之真言

现在，是时候让我将这本书留在你心灵的长凳上了。

带着最深、最美的成就感，我将这本书留在此处，它将从我走向你，因为你就是它渴望的目的地。

你曾许下在此生觉醒的承诺，带着对这个承诺的敬意，我将此书留在此处，通过你美丽、广阔的心灵，疗愈这个世界。

带着对你无畏灵魂之旅的真诚祝福，我将此书留在此处。

带着极大的感恩之情，感谢你给我这个神圣的机会来爱你，我将此书留在此处。

现在，需要你更积极地去爱。

现在，唯一可能的选择就是爱的选择。

现在，愿你有更多的勇气，坚定地抓住爱的火炬，愿它照亮你走向觉醒和自由的道路。

现在，愿我们的祈祷、光明和爱能够更多地疗愈这个世界。

你是一个无畏、闪耀、壮美的爱之波浪。

谢谢你信守你的诺言。

谢谢你没有转身离开。

谢谢你聆听自己的心灵－智慧，找到此处，找到我。

谢谢你允许我以文字、以心灵，更重要的是，以我的爱服务你。

爱的能量场只有一个。

光明的海洋只有一个。

无限的心灵只有一个，它包含我们所有人的心。

我们都行走在他人的灵魂中间。

在闪耀、无限的爱的能量场中，我们的心合一，我们一起回家了。

致 谢

我很荣幸地告诉大家以下的名字，在我撰写这本书的时候，他们关爱我、启发我、支持我。

我深深感谢我在这个世界和他方世界的导师、指导者和护佑者：

玛哈礼师·玛赫西·优济和古鲁玛依·奇德维拉桑达尊者，感谢他们在我的祈祷下所赐的珍贵礼物——觉醒、自由和永恒的恩典，没有这些礼物，我将无法在此生履行我的诺言。

我亲爱的母亲菲莉斯·加什曼，感谢你在生前的时候成为爱与奉献的化身，感谢你在另外的世界给予我明确无误的指引和护佑。

我的几个宝贝动物伙伴，你们现在已经在天堂：碧珠、桑迪和露娜，你们是我永远的天使，教会我如何无条件去爱。

所有那些无形的神灵，我不知道你们的名字，但我一直能够感受到你们的存在。我谦卑地成为你们永恒智慧的载体。

对那些可敬的支持者、疗愈者和心灵上的家人，我表示深深的感谢：

列娜·瓦格纳，我敬爱的朋友、姐妹、母亲和学生，感谢你成为我安全的港湾和坚定而珍贵的心灵伴侣。

玛丽莎·莫兰，谢谢你成为我最高爱和光的桥梁，并总是让我想起永恒的真理。

神圣空间的萝丝和杰克·赫肖恩，谢谢你们总是欢迎我和我的学生，你们是我们在圣巴巴拉的珍贵家人。

韦恩·戴尔博士、大卫吉、阿尼塔·莫尔贾尼、阿维夫和雷利·西格尔，谢谢给予我特别的支持、友谊和共同愿景。

阿尼塔·费舍尔、佩丽珠和尼娜·布雷金，谢谢 10 年来给我无条件、不间断的爱和服务，你们是我最初的支柱。

比尔·格莱斯顿和水畔出版公司，谢谢对我、我的书和我的使命所给予的坚定而明智的忠告和信任。

莫妮卡·麦考伊博士，谢谢你通过直觉和爱支持我的身心。

韩伟东医生，虽然最后你和你的家人被残忍地杀害，但还是谢谢你谦卑的呵护和卓越的医术。

贺氏书屋杰出的员工，谢谢你们对这个世界的贡献，特别是再次感谢里德·特蕾西给我机会，让我与许多人分享这本书的内容，给人带来转变。谢谢帕蒂·吉夫特对我的文字和智慧的尊重，谢谢玛格丽特·尼尔森给予的深切支持和热情，谢谢佩里·克罗和里安·本德神奇的编辑和设计，谢谢与你们愉快的合作，谢谢露易丝·海用她丰盈的内心改变了世界。

谢谢在我的公司——奉爱传媒工作的每一个人，谢谢你们宝贵的爱和奉献，谢谢你们一直以来与我并肩而行——特别是我亲爱的德安尼·瑞玛罗维茨、贾斯汀·默里、琳达·普拉恩和黛安·约翰斯顿，谢谢你们全心投入到我们的使命，用你们的忠诚、正直和宝贵服务给我带来祝福。

谢谢我内在通关之旅中的家人，你们让我成为你们的心灵母亲、向导和老师，你们是我的最大欢乐，谢谢你们对我恪守了承诺，也让我对你们恪守了承诺。

最重要的是，深深地感谢我在全球的新老学生和读者。正是因为你们，我才在这里。正是因为你们，我才探索、教导、书写，并且服务。正是因为你们，我的心才充满喜悦。

作者简介

芭芭拉·安吉丽思是我们这个时代在个人和内在转变领域最具影响力的导师。作为一位著名的作家、演说家和媒体人，她是 20 世纪 80 年代推广自助运动的早期人物，40 多年来，她通过励志文字影响了数千万的人，教导人们如何在生活中获得真正自由和扩展的意识。

安吉丽思博士写了 15 本畅销书，销量超过 1000 万本，以 25 种语言出版，其中 4 本登上《纽约时报》畅销书榜第一名。她曾参加美国有线电视新闻网（CNN）、哥伦比亚广播公司（CBS）和公共广播公司（PBS）的各种节目，还经常担任《奥普拉·温弗瑞脱口秀》、《今日秀》和《早安美国》的嘉宾。她是获奖商业信息片《让爱行得通》的创作者和制作人，这部作品被全世界数亿人观看，是关于爱情和亲密关系的最成功节目之一。

安吉丽思博士是世界上最感人和最励志的女性演说家之

一，被国际英文演讲协会评选为本世纪最杰出演说家之一，是获此殊荣的五名女性之一。她曾经与许多杰出人物，如理查德·布兰森爵士、迪帕克·乔布拉、韦恩·戴、露易丝·海等一起，在无数会议上发表演讲。

安吉丽思博士将她向数百万人所传播信息的灵感来源归功于个人在内在成长的全心投入和不懈努力。她是一个严肃的探索者，从 18 岁开始就深深地沉浸在内在修习之中。

安吉丽思博士是奉爱传媒公司的总裁，致力于通过自己的工作将觉悟的信息传播到全世界。面对所有在生活中渴望充满爱、幸福和真正觉醒的人，她提供了各种研讨会、静修营、在线课程和训练项目。她对自己生活在加州圣巴巴拉感到十分开心。

图书在版编目（CIP）数据

爱的能力 /（美）芭芭拉·安吉丽思著；邓育渠译
. -- 北京：中国青年出版社，2022.4
书名原文：The Choice for Love
ISBN 978-7-5153-6602-9

I.①爱… Ⅱ.①芭…②邓… Ⅲ.①心理交往—通
俗读物 Ⅳ.① C912.11-49

中国版本图书馆 CIP 数据核字（2022）第 059729 号

爱的能力

作　　者：[美] 芭芭拉·安吉丽思
译　　者：邓育渠
插画作者：stano
责任编辑：吕　娜　王超群
书籍设计：瞿中华
出版发行：中国青年出版社
社　　址：北京市东城区东四十二条 21 号
网　　址：www.cyp.com.cn
经　　销：新华书店
印　　刷：三河市万龙印装有限公司
规　　格：787×1092mm　1/32
印　　张：11.625
字　　数：225 千字
版　　次：2022 年 5 月　第 1 版
印　　次：2022 年 5 月　第 1 次印刷
定　　价：79.00 元
如有印装质量问题，请凭购书发票与质检部联系调换
联系电话：010-65050585